分県登山ガイド 19

福井県の山

日本山岳会福井支部 著

山と溪谷社

分県登山ガイド――19

福井県の山

目次

●本文地図主要凡例●

- 紹介するメインコース。
- 本文か脚注で紹介しているサブコース。一部、地図内でのみ紹介するコースもあります。
- Start Goal Start Goal 225m 出発点／終着点／出発点および終着点の標高数値
- 管理人在中の山小屋もしくは宿泊施設
- 紹介するコースのコースタイムのポイントとなる山頂。
- コースタイムのポイント。
- 管理人不在の山小屋もしくは避難小屋

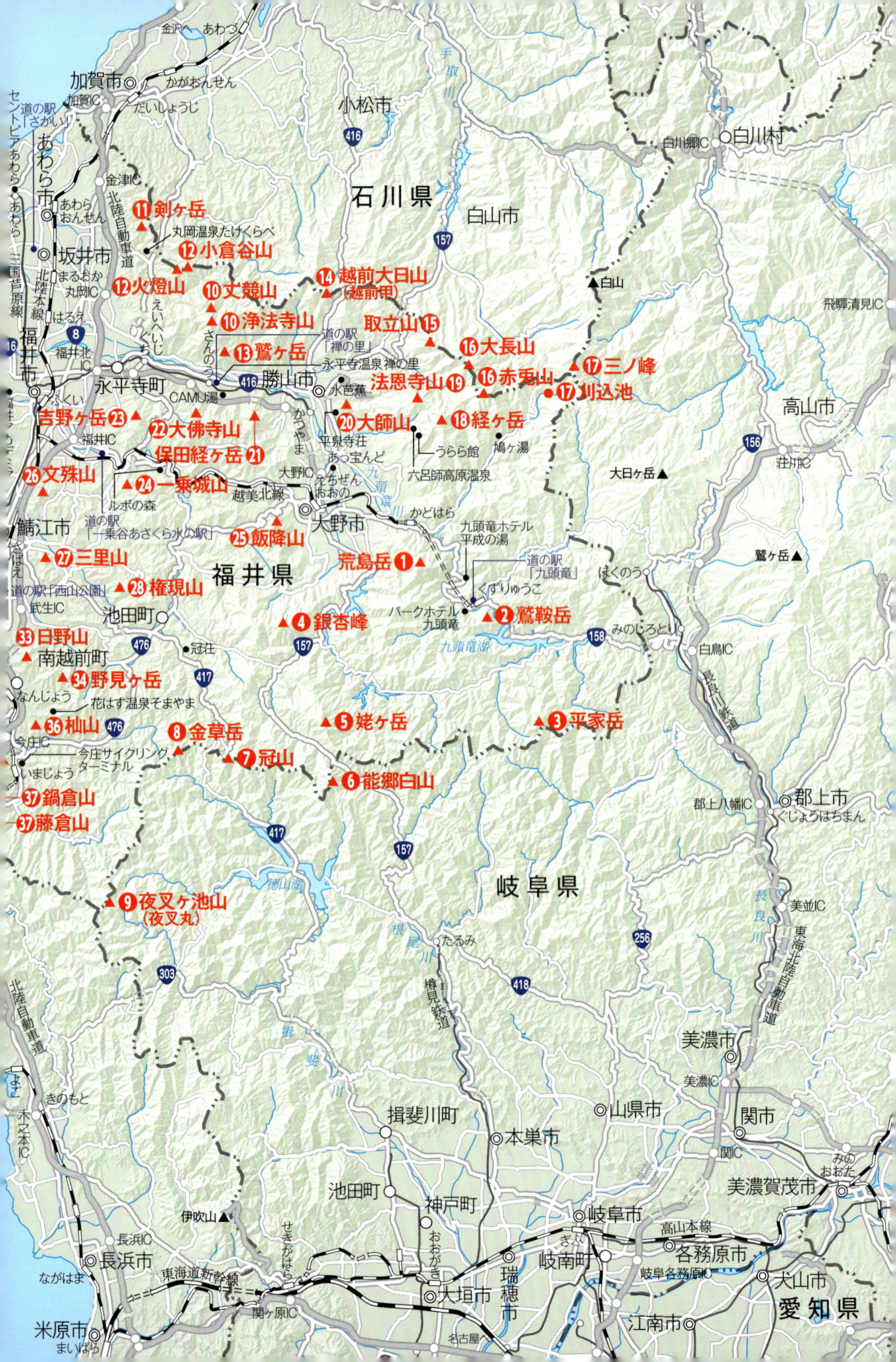

石川県
福井県
岐阜県
愛知県
加賀市
小松市
白山市
白川村
高山市
あわら市
坂井市
福井市
永平寺町
勝山市
大野市
鯖江市
池田町
南越前町
郡上市
美濃市
関市
美濃加茂市
山県市
本巣市
揖斐川町
池田町
神戸町
岐阜市
岐南町
各務原市
犬山市
江南市
大垣市
瑞穂市
長浜市
米原市
❶荒島岳
❷鷲鞍岳
❸平家岳
❹銀杏峰
❺姥ヶ岳
❻能郷白山
❼冠山
❽金草岳
❾夜叉ヶ池山（夜叉丸）
❿文殊山
❿浄法寺山
⓫剣ヶ岳
⓬小倉谷山
⓬火燈山
⓭鷲ヶ岳
⓮越前大日山（越前甲）
⓯取立山
⓰大長山
⓰赤兎山
⓱三ノ峰
⓱刈込池
⓲経ヶ岳
⓳法恩寺山
⓴大師山
㉑保田経ヶ岳
㉒大佛寺山
㉓吉野ヶ岳
㉔一乗城山
㉕飯降山
㉖文殊山
㉗三里山
㉘権現山
㉝日野山
㉞野見ヶ岳
㊱杣山
㊲鍋倉山
㊲藤倉山
白山
大日ヶ岳
鷲ヶ岳
伊吹山
道の駅「さかい」
セントピアあわら
丸岡温泉たけくらべ
道の駅「禅の里」
永平寺温泉 禅の里
CAMU湯
うらら館
六呂師高原温泉
鳩ヶ湯
ルポの森
道の駅「一乗谷あさくら水の駅」
道の駅「西山公園」
九頭竜ホテル 平成の湯
道の駅「九頭竜」
パークホテル九頭竜
花はす温泉そまやま
今庄サイクリングターミナル
九頭竜湖
徳山湖
北陸自動車道
越美北線
東海北陸自動車道
長良川鉄道
樽見鉄道
東海道新幹線
高山本線

福井県の山 全図

▲❶荒島岳 本書で紹介する山名とコース番号
◎○ 市役所・町村役場
8 国道と国道ナンバー
高速道路・自動車専用道路
JR線
JR新幹線
私鉄線
N
1:550,000
0
15km
日本海
若狭湾
敦賀湾
小浜湾
琵琶湖
滋賀県
京都府
みくにみなと
道の駅「みくに」
305
下市山29
道の駅「パーシャン丹生ヶ丘」
越知山30
越前岬
泰澄の杜
417
三床山31
365
道の駅「越前」
越前市
鬼ヶ岳32
たけふ
アクアシビィ
305
しぶき温泉湯楽里
8
ホノケ山35
道の駅「河野」
やすらぎ
蠑螺ヶ岳38
西方ヶ岳38
敦賀市
つるが
つぬがの湯
越のゆ敦賀店
敦賀IC
きらめき温泉
美浜町
みはま
虹岳島荘
道の駅「三方五湖」
水月花
若狭三方IC
みかた
41野坂岳
御嶽山42
岩籠山39
雲谷山44
40三国山
大御影山45
40赤坂山
おうみしおつ
みかた温泉きららの湯
若狭町
若狭上中IC
かみなか
27
46三十三間山
43大谷山
161
マキノ
47千石山
道の駅「若狭熊川宿」
303
48駒ヶ岳
49百里ヶ岳
おうみいまづ
湖西線
しんあさひ
367
高島市
京都へ
道の駅「若狭おばま」
小浜市
濱の湯
小浜IC
おばま
162
小浜線
道の駅「シーサイド高浜」
道の駅「うみんぴあ大飯」
小浜西IC
たかはま
わかさ
国民宿舎 城山荘
51飯盛山
多田ヶ岳50
高浜町
おおい町
舞鶴若狭自動車道
大飯高浜IC
青葉山55
舞鶴市
にしまいづる
ひがしまいづる
舞鶴東IC
54三国岳
舞鶴線
舞鶴西IC
162
道の駅「名田庄」
53頭巾山
52八ヶ峰

概説

福井県の山

森田信人

福井県は本州のほぼ中央部、弯曲した本州の凹曲部に位置し、中央分水嶺の北側にある。このため冬には北西からの季節風にさらされる多雪地帯であり、夏は湿度の高い暑さとなる。

歴史的には古代から若狭《わかさ》・越前《えちぜん》として、朝廷・貴族と深く結びついた政治・経済・文化が根づいてきた。県の東半分は「両白《りょうはく》山地」の南側に属する山地で、ここを源流とする九頭竜《くずりゅう》川は大野《おおの》盆地、勝山《かつやま》盆地を経て福井平野から日本海へ注いでいる。

両白山地は九頭竜川（荒鷲衝上《あらわししょうじょう》断層）で分けられ、北側は「加越《かえつ》山地」、南側は「越美《えつみ》山地」、西側は「越前中央山地」とよばれる。

さらに福井平野の南につながる武生《たけふ》盆地を南北に流れる日野《ひの》川は、「丹生《にゅう》山地」を隔てて九頭竜川に合している。丹生・越美山地にはさまれた一角は「南条《なんじょう》山地」とよばれ、西側は敦賀《つるが》湾、柳瀬《やながせ》断層を境に野坂《のさか》山地へ続き、その西側には北川《きたがわ》（熊川《くまがわ》）断層を境に「若丹《じゃくたん》山地」が滋賀県・京都府との県境を形成している。

これらの山地は福井県の面積の大半を占めているが、高峻な山は白山《はくさん》山系の南部に限られており、ほとんどは1500メートル以下の低山で、古くから山村が多く点在し、人々が生活してきた。今はその多くが過疎のため廃村の危機にあるが、四季を通じて山と歴史・文化に親しめる地域といえるだろう。

●山域の特徴

●越美山地

大野盆地の南東、九頭竜峡谷の上にそびえるのが、「日本百名山」で人気の荒島岳《あらしまだけ》だ。その上流、大野市和泉《いずみ》地区の南には鷲鞍岳《わしくらだけ》がそびえ、下部は九頭竜スキー場となっている。さらに南の岐阜県境近くに平家岳《へいけだけ》がひっそりとたたずむ。県境を西にたどれば能郷白山《のうごうはくさん》、冠山《かんむりやま》、金草岳《かなくさだけ》、夜叉《やしゃ》ヶ池山《いけやま》とつながる。県境を離れた県内部の銀杏峰《げなんぼ》、姥《うば》ヶ岳《たけ》も含まれる。

●加越山地

石川県との県境を形成する山地で、日本海側から剣《けん》ヶ岳《たけ》、火燈山《ひともしやま》、丈競山《たけくらべやま》、浄法寺山《じょうほうじさん》、鷲《わし》ヶ岳《たけ》と福井平野の東側に連なり、さらに越前大日山《えちぜんだいにちやま》（越前甲《えちぜんかぶと》）、取立山《とりたてやま》、大長山《おおちょうやま》、赤兎山《あかうさぎやま》から福井県最高地点の打波谷《うちなみだに》源頭（越前三ノ峰《さんみね》）へと高度を上げながら続く1000～2000メートル級の山並みで、県内最高峰の経《きょう》ヶ岳《たけ》（三百名山）も含まれる。なお、地形図に山名記載のある県内最高峰は二ノ峰《にみね》1962メートルである。

●越前中央山地

九頭竜川と日野川にはさまれた700メートル程度の低山地域。大野盆地の飯降山《いいふりやま》、永平寺《えいへいじ》裏山の大佛寺山《だいぶつじやま》、朝倉氏が築いた山城跡の残る

5月下旬、新緑眩しい姥ヶ岳・平家平

西山麓を流れる真名川河川敷から「日本百名山」として人気の荒島岳を見上げる

一乗城山《いちじょうしろやま》、継体天皇が遺したとさる薄墨桜のある三里山《さんりやま》、泰澄大師開山の越前五山の文殊山《もんじゅさん》、吉野《よしの》ヶ岳《たけ》、日野山《ひのさん》などがあり、いずれもハイキングコースが多く、県民に親しまれている。

●丹生山地

日本海側は柳瀬断層帯で海岸線から急峻に立ち上がり、東側は日野川に接する山域で、下市山《しもいちやま》、越知山《おちさん》、三床山《みとこやま》、鬼《おに》ヶ岳《たけ》などが含まれる。越知山は白山の開祖と伝わる泰澄大師がはじめに修業した山とされ、山頂からはるか東方に白く輝く白山を遥拝し、登頂を決意したという。

●南条山地

越美山地の北西部、丹生山地や越前中央山地の南部にあり、日野《ひの》山《さん》、杣山《そまやま》、ホノケ山、藤倉山《ふじくらやま》が含まれる。北国街道の難所とされた地域にあって歴史ある山々である。

●野坂山地

「敦賀富士」とも称される野坂岳《のさかだけ》を中心とした山域で、南条山地とは敦賀湾、柳瀬断層で境を接して

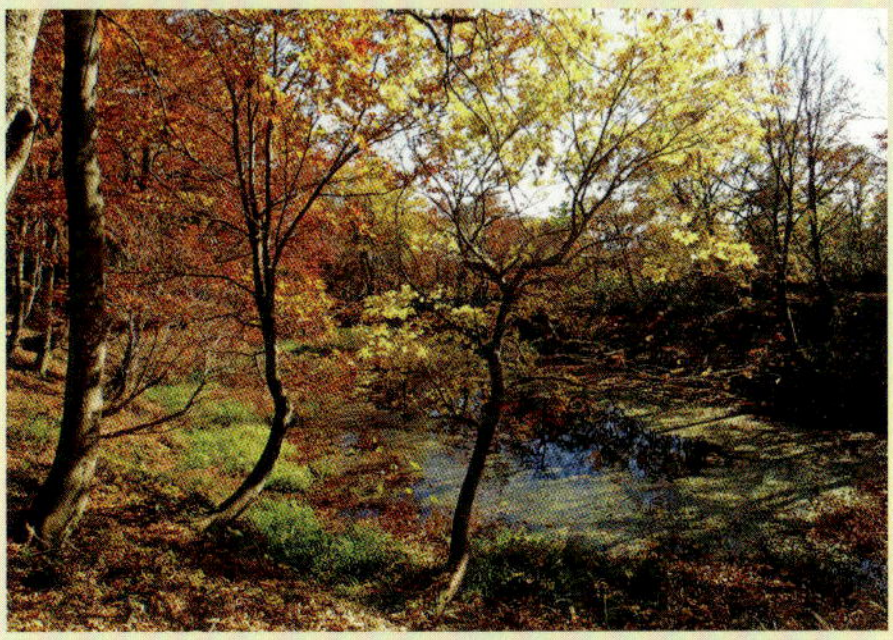

紅葉を水面に映す野見ヶ岳・武周ヶ池

県境を除く県内最高峰の経ヶ岳吊尾根の雪稜

いる。敦賀半島の蠑螺《さざえ》ヶ岳《たけ》から、敦賀三山の西方《さいほう》ヶ岳《たけ》、野坂岳、岩《いわ》籠山《こもりやま》、滋賀県境の三国山《みくにやま》、赤坂《あかさか》山《やま》、大谷山《おおたにやま》、三十三間山《さんじゅうさんげんやま》にいたる800メートル級の山々が連なっている。

●若丹山地

北川断層により野坂山地と明確に分けられ、派生尾根の山々が駒《こま》ヶ岳《たけ》から西方に青葉山《あおばやま》まで連なり、分水嶺をなしている。熊川の宿は「御食国《みけつくに》・若狭《わかさ》」から京へ海産物などを運ぶ若狭街道の要衝であった。同様のいわゆる鯖《さば》街道は、この山域を横断した街道で、根来《ねごろ》坂《ざか》、木地山《きじやま》峠、杉尾坂《すぎおざか》、五波《ごなみ》峠、知井坂《ちいざか》などがあり、今も登山路として使われている。

法恩寺山から望む白山連峰

●四季の特徴

面積の小さい福井県だが、北東から南西への距離が長く、柳瀬断層を境に嶺北・嶺南とよばれ、天候にも違いがある。そのため降雪量の多い嶺北と、少ない嶺南の山では季節の変化に差が出る。秋は加越山地の山々からはじまり、春は若丹・野坂山地からといった具合だ。冬から春にかけての残雪期、雪の消えた麓にはフキノトウやショウジョウバカマが顔を出しはじめ、ブナの新緑の季節にはギフチョウが舞う姿がよく見られる。一方、夏期には近年猛暑が続き、1000メートルクラスの県内の山は快適とはいえない。9月になれば高地から順に紅葉・黄葉が下りてきて、11月の中旬まで順に楽しめる。冬期、嶺北地方は多雪地帯だが、それなりの装備で、天候に注意すれば、比較的容易に冬山の楽しみが味わえため、特に京阪神方面からの登山者が多い。嶺南の山々は積雪が少なく、早春から山を楽しめる。

巨木で人気の権現山・大樅ノ木

法恩寺山登山口の平泉寺白山神社境内

●山行の注意

鉄道はJR北陸本線、小浜《おばま》線、九頭竜線、えちぜん鉄道、福井鉄道が利用できるが、大都市圏に比べて便数が少ない。さらにバスの便にいたっては極めて少ない路線や、コミュニティバスだけの地域、日曜・祭日運休などもあるので、各自治体のホームページなどで確認してほしい。福井県は全国トッ

上：各所で見られるタニウツギ
下：西方ヶ岳ではカモシカが現れることも

プクラスの自家用車保有県で、道路はそれなりに整備されているが、公共交通は貧弱であり、タクシーも大きな市町以外には数が少ないので注意してほしい。また、林道はもちろん、国道や県道の一部も季節によって閉鎖期間があり、天候や工事による通行制限もあるので、事前に各土木事務所などへ問い合わせていただきたい。

蠑螺ヶ岳から見下ろす敦賀湾と水島

本書の使い方

■日程　福井市を起点に、アクセスを含めて、初級クラスの登山者を想定した日程としています。

■歩行時間　登山の初心者が無理なく歩ける時間を想定しています。ただし休憩時間は含みません。

■歩行距離　2万5000分ノ1地形図から算出したおおよその距離を紹介しています。

■累積標高差　2万5000分ノ1地形図から算出したおおよその数値を紹介しています。は登りの総和、は下りの総和です。

■技術度　5段階で技術度・危険度を示しています。は登山の初心者向きのコースで、比較的安全に歩けるコース。は中級以上の登山経験が必要で、一部に岩場やすべりやすい場所があるものの、滑落や落石、転落の危険度は低いコース。は読図力があり、岩場を登る基本技術を身につけた中～上級者向きで、ハシゴや鎖場など困難な岩場の通過があり、転落や滑落、落石の危険度があるコース。は登山に充分な経験があり、岩場や雪渓を安定して通過できる能力がある熟達者向き、危険度の高い鎖場や道の不明瞭なやぶがあるコース。は登山全般に高い技術と経験が必要で、岩場や急な雪渓など、緊張を強いられる危険箇所が長く続き、滑落や転落の危険が極めて高いコースを示します。『福井県の山』の場合はが最高ランクになります。

■体力度　登山の消費エネルギー量を数値化することによって安全登山を提起する鹿屋体育大学・山本正嘉教授の研究成果をもとにランク付けしています。ランクは、①歩行時間、②歩行距離、③登りの累積標高差、④下りの累積標高差に一定の数値をかけ、その総和を求める「コース定数」に基づいて、10段階で示しています。が1、が2となります。通常、日帰りコースは「コース定数」が40以内で、～（1～3ランク）。激しい急坂や危険度の高いハシゴ場や鎖場などがあるコースは、これに～（1～2ランク）をプラスしています。また、山中泊するコースの場合は、「コース定数」が40以上となり、泊数に応じて～もしくはそれ以上がプラスされます。『福井県の山』の場合はが最高ランクになります。
紹介した「コース定数」は登山に必要なエネルギー量や水分補給量を算出することができるので、疲労の防止や熱中症予防に役立てることもできます。体力の消耗を防ぐには、下記の計算式で算出したエネルギー消費量（脱水量）の70～80パーセント程度を補給するとよいでしょう。なお、夏など、暑い時期には脱水量はもう少し大きくなります。

	時間の要素		距離の要素		重さの要素
行動中のエネルギー消費量（kcal） ＝	1.8×行動時間（h）	＋	0.3×歩行距離（km）＋10.0×上りの累積標高差（km）＋0.6×下りの累積標高差（km）	×	体重（kg）＋ザック重量（kg）
＊kcalをmlに読み替えるとおおよその脱水量がわかります	山側の情報 ―「コース定数」				登山者側の情報

01

奥越前の秀峰を四方から登りつくす

荒島岳

あらしまだけ
1523m

日帰り

Ⓐ下山コース　歩行時間＝8時間　歩行距離＝11.2km　技術度　体力度
Ⓑ勝原コース　歩行時間＝6時間5分　歩行距離＝11.8km　技術度　体力度
Ⓒ中出コース　歩行時間＝7時間5分　歩行距離＝14.0km　技術度　体力度
Ⓓ佐開コース　歩行時間＝7時間　歩行距離＝14.6km　技術度　体力度

コース定数＝Ⓐ32Ⓑ30Ⓒ35Ⓓ36

標高差＝Ⓐ1133mⒷ1259mⒸ1304mⓓ1158m

累積標高差	登り	下り
Ⓐ	1308m	1308m
Ⓑ	1418m	1418m
Ⓒ	1665m	1665m
Ⓓ	1754m	1754m

小荒島岳から荒島岳を望む

　荒島岳は深田久弥が「日本百名山」に選んだ福井県内唯一の山であり、四季を通じて全国からの登山者が訪れる。山の歴史は古く、泰澄大師の開山と伝えられ、風土記には「蕨生山《わらびょう》」、延喜式には「阿羅志摩我多気《あらしまがたけ》」と書かれているという。秀麗な山容で人気があり、ほぼ独立峰なので四方から登山路が開けている。白山火山群の古いコニーデの山で、全体は楕円形にのびた山型だが、大野盆地からはきれいなピラミッドに見える。山中に宿泊施設はなく、すべて日帰りである。

　本稿では公共交通機関に恵まれた新下山《しんしもやま》コースと、登山者が多い勝原《かどはら》コースをメインに、登りやす

■鉄道・バス

Ⓐ下山コース＝JR越美北線（九頭竜線）越前下山駅下車、徒歩数分。

Ⓑ勝原コース＝JR越美北線（九頭竜線）勝原駅下車徒歩で1キロ、約15分、旧勝原スキー場登山口へ。

Ⓒ中出コース＝JR越美北線（九頭竜線）勝原下唯野駅下車。徒歩2.5キロ、約30分で中出駐車場、水洗トイレ、水場がある。

Ⓓ佐開コース＝JR越美北線（九頭竜線）大野駅下車。佐開養魚場まではタクシーを利用する。

■マイカー

Ⓐ下山コース＝北陸自動車道福井北IC、中部縦貫道路大野IC、国道157号、国道158号でJR下山駅前駐車場へ。5～6台は駐車できる。

Ⓑ勝原コース＝国道158号沿いの旧勝原スキー場駐車場、50台は駐車可能。トイレあり。

Ⓒ中出コース＝国道158号中休交差点を南に右折し、1.4キロ先の蕨生（わらびょう）集落の標識にしたがって左折、集落内を通って道路を1本越え、林道を900メートルで左側に中出駐車場がある。

Ⓓ佐開コース＝国道157号を岐阜県方面へ走り、佐開橋で左折、橋を渡って集落入口で右側の林道へ入り、養魚場付近の空き地に駐車。必ず養魚場に許可をとること。

▽令和5年3月に中部縦貫道路の荒

CHECK POINT—Ⓐ新下山コース

1 下山コース登山口入口。階段を登って民家の左手から裏へ回る

2 登山口付近には道標がたくさんあるので迷わないで行くことができる

3 下山コース560㍍休息場所。この付近から高山植物が多くなる

4 下山コース1070㍍案内板。急登の途中の展望地で、平家岳方面が開けている

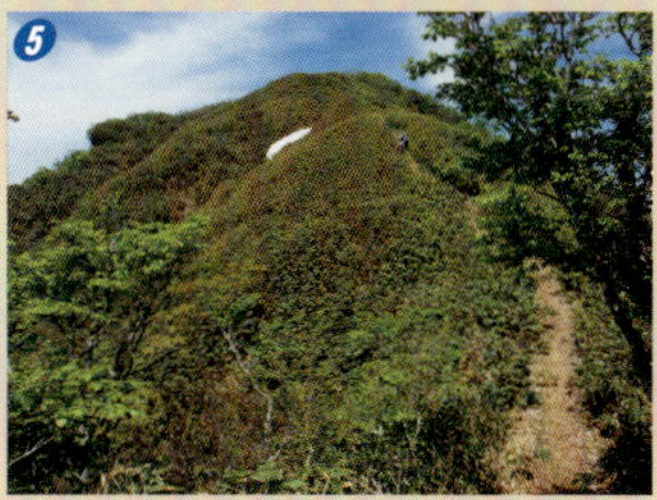

5 小ナベを目指して穏やかで開けた尾根筋を登る。景色を楽しみながら行こう

6 大ナベを目指す。前方に山頂が見えると元気百倍だ

い中出《なかんで》コース、歴史ある荒島神社の佐開《さびらき》コースを紹介しよう。

Ⓐ新下山コース

旧下山コースは荒島谷川上流のまぼろしの大垂《おおたる》を通る通行困難な

島IC、勝原IC、10月に下山ICが開業予定で、それぞれ中出、勝原、下山登山口に近い。

■登山適期

5～12月、1月は悪天候で避けた方がよい。2月中旬以降は積雪も安定し登山者も多い。道迷いによる滑落事故が多いので、視界不良時には行動を慎むべきである。当然、充分な冬山装備が必要。冬期はもっぱら勝原コースが登られている。

■アドバイス

▽ふもとの大野市は戦国時代、織田信長の家臣・金森長親が築城した大野城の東に広がる小さな城下町だが、今も碁盤目の中世の街並みが残り、奥越の小京都として人気がある。

▽大野市市街地の小高い丘の上に建つ大野城☎0779・66・0234は「天空の城」ともよばれ、大野盆地特有の朝霧の中に浮かぶさまが人気をよんでいる。

朝霧に浮かぶ天空の城・大野城

（写真＝近藤昌浩）

真名川から荒島岳を見上げる

難コースだったため、訪れる人がほとんどいなかった。しかし、2011年に地元有志によって安全な尾根コースの新下山コースが整備された。ロングコースだが、アクセスがよく、静かで花も楽しむことができるおすすめコースだ。

登山口はJR九頭竜《くずりゅう》線越前《えちぜん》下山駅に近い大野市下山地区の民家の裏である。**越前下山駅**から上流に100メートルほど進むと、右手の民家の前に「荒島岳登山口」の標識がある。ここから民家の階段を登り、裏手の登山路に入る。

標識に沿って登り、598メートルピークから尾根道を行くと、標高600メートル付近に「山頂へ3・3キロ　3時間30分」と書かれた最初の案内板がある。このあたりから初夏は高山植物の花々、秋は紅葉が楽しめる。

緩斜面からやがて急な登りとなり、857メートル地点付近からは南東の方向に鷲鞍岳《わしくらだけ》や九頭竜湖、その奥に平家岳が近い。さらに急登が続き、**1070メートル標識**、小《こ》ナベ、大《おお》ナベのピークを越えて**荒島岳**山頂へ達する。

山頂は360度の展望で、眼下に大野市、周囲に越美《えつみ》山地、加越《かえつ》山地の山々、天候に恵まれれば白《はく》山《さん》連峰や、遠く北アルプス、日本海も遠望できる。山頂には標識のほか、1等三角点（点名=荒島山）と方位盤、荒島大権現奥の院の小さな祠がある。夏には高山植物が咲くお花畑があり、広い山頂なのでゆっくりくつろげる。

▽七間朝市は地元の特産品が並ぶ朝市で、観光客も多い。問合せは越前大野七間朝市振興協会☎0779・69・9520へ。
▽大野盆地は湧水の町。本願清水イトヨの里☎0779・65・5104には天然記念物のイトヨが生息する。
▽仏御前の滝は荒島岳から流れる清流を集めた落差100メートルの3段の滝。国道158号仏原ダム湖岸に駐車場があり、遊歩道を20分。
▽下山コース登山口付近に日帰り入浴施設の九頭竜温泉平成の湯☎0779・78・2910がある。

■問合せ先
大野市役所☎0779・66・1111

■2万5000分ノ1地形図
荒島岳・下山

Ⓑ勝原コース

ＪＲ九頭竜線勝原駅下車、約1キロ、20分で**旧カドハラスキー場駐車場の登山口**に到着する。ここからスキー場の中を登る。はじめは舗装された広い道だが、やがて急な山道となり、スキーリフトの残骸が残る**登山口**へ着く。ここからはみごとなブナ林の中の急登が続く。途中の白山ベンチで白山を眺めてひと息つこう。

休憩後は、少し登って、少し下り、登り返すと**シャクナゲ平**に到着する。北東側の視界が開け、経《きょう》ケ岳《たけ》から白山がよく見える。右から中出コースが合流し、左が山頂方面だ。

少し下ってブナ林の中を歩き、佐開分岐をすぎると、難関のもちがかべの急登となる。壊れかけた階段やハシゴを越えて前荒島岳に着くと、荒島岳の頂上が眼前に立ちはだかる。ここからは気持ちのよい尾根歩きとなり、高山植物も多い。中荒島岳を越え、ロープの急坂を越えると**荒島岳**山頂である。

Ⓒ中出コース

深田久弥が荒島岳に登ったのが中出コースで、荒島登山のメインルートのひとつだ。**ＪＲ下唯野《しもゆいの》駅**下車、道標に沿って3キロ、約30分で蕨生《わらびょう》の**中出駐車場**に着く。水洗トイレと水場が整備され、約40台が駐車可能だ。ここから約1・4

CHECK POINT—Ⓑ勝原コース

1 勝原コース駐車場。ここから旧スキー場の急斜面を登る

2 早春の勝原コース。階段状の急斜面が続く

3 中出コースが出合うシャクナゲ平。今はシャクナゲはない

4 岩場のもちがかべ。ロープやハシゴに助けられて登る

5 急坂を越えると標高1420メートルの中荒島岳

6 荒島権現を祀る荒島神社奥の院。周囲は高山植物のお花畑

CHECK POINT—Ⓒ中出コース

1 広くて水場とトイレが整っている中出駐車場

2 林道と最後に交差すると登山道入口で、本格的な登山道となる

3 小荒島岳分岐。数分で360度の展望が開け、白山も見える

4 小荒島岳山頂。景色を楽しみながら休憩していこう

キロ、標識に沿って林道を登ると**登山口**に着く。よく整備された登山道となり、林道を4回横断すると、いよいよ本格的な登山道になる。

高度を上げて山頂まで3・3キロの道標をすぎると小荒島岳分岐に達する。**小荒島岳**山頂からは360度の展望が得られ、南東に荒島岳の山頂が間近に迫る。ここからひと息で**シャクナゲ平**に登り着き、勝原コースと合する。さらに1・4キロ、1時間強で**荒島岳**山頂だ。

3月初頭の前荒島岳から山頂へ

登山口付近のタニウツギ

イワウチワ

Ⓓ佐開コース

荒島権現を祀る荒島神社があり、開山以来の登山道であった佐開コースは、林道上部の登山口（標高850メートル）まで車で登れば最も短時間で山頂へ達することができる。しかしこの林道はかなり荒廃しており、しかも急勾配とタイトなカーブのため、小型四輪駆動車でしか登れない状況である。

大野市から国道157号を岐阜方面に向かい、佐開橋で左折して橋を渡る。佐開集落の入口で右折して進めば、すぐに**荒島養魚場**の建物がある。この周囲に駐車するが、養魚場の所有地なので許可を得ておこう。

準備をして車道を300メートルほど進むと左側に「荒島岳」の表示があり、ここから右折すると小荒島山頂近くまでのびている林道がはじまる。かなり勾配があり、カーブ半径が短いので、先述したように小型四駆でないと登れない。ところどころ路肩が崩壊した林道をたどること約4・5キロ、2時間で標高差500メートルを登り、少し広い駐車場へ着く。ここに**登山口**の表示があり、4～5台の駐車ができる。車で上がれば約20分だ。

林道は先へ続いているが、ここから標識にしたがって右手の登山道を登る。ところどころ急斜面のトラバースや階段があるが、道はおおむね整備され、気持ちのよい林間コースで、小荒島岳が見え隠れするなか、約1時間で**佐開分岐**に到着する。分岐を右折すると、**荒島岳**山頂まで約1時間である。（森田信人）

CHECK POINT ―Ⓓ佐開コース

荒島養魚場。向かい側の駐車スペースを利用する場合は必ず許可を得よう

左側が佐開林道。急坂で狭く、180度の曲がり角があるので歩いた方がよい

850メートル地点の駐車場。ほとんど車は入ってこない広場で、南側の展望がよい

佐開コース登山道入口。林道から右に入る。よく整備された歩きやすい道だ

佐開分岐はブナの疎林の平坦地。秋の黄葉が美しい

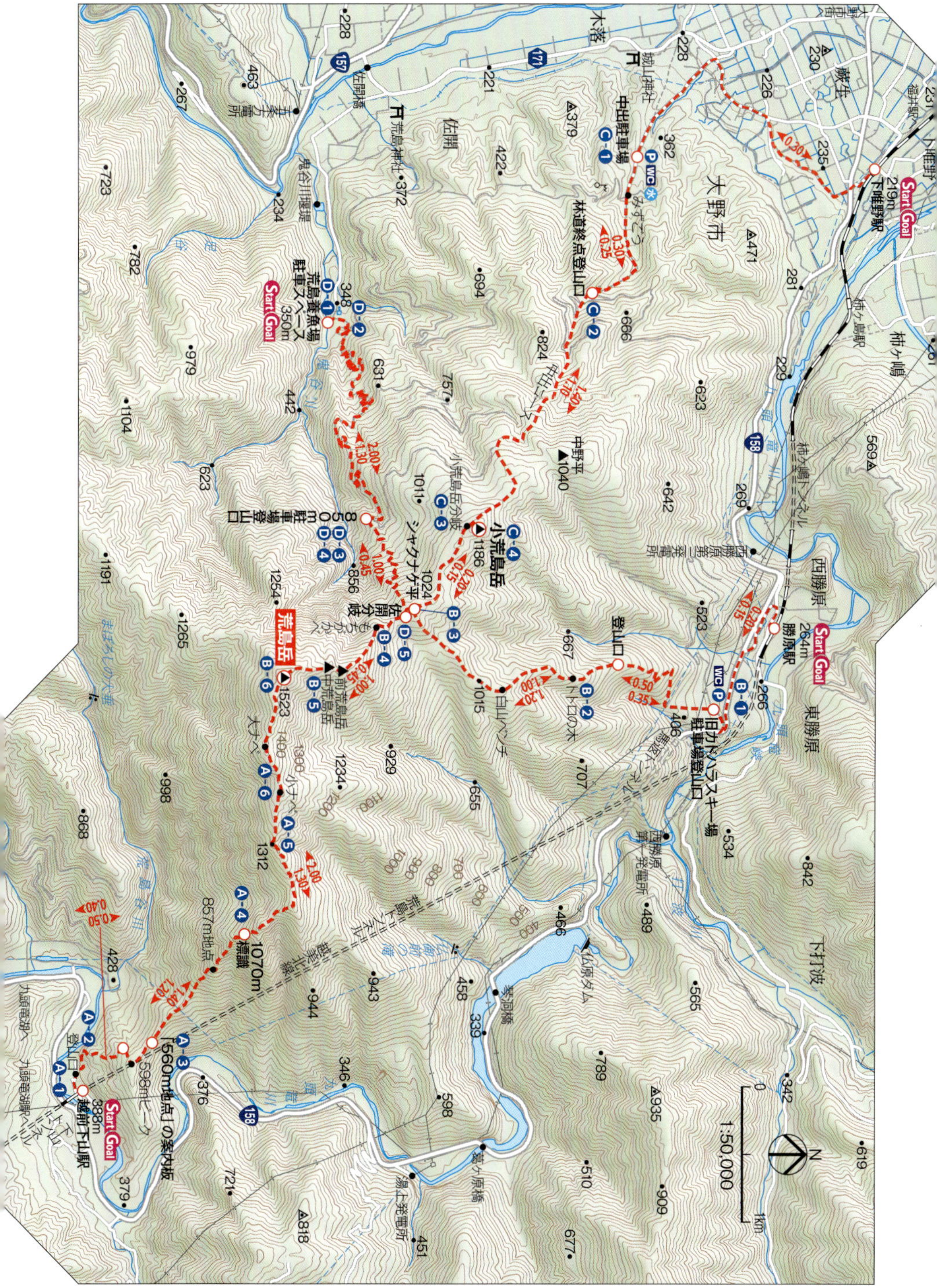

荒島岳
小荒島岳
1523
1186
中野平
1040
シャクナゲ平
佐開分岐
前荒島岳
中荒島岳
大ナベ
小ナベ
1312
1070m 標識
857m地点
「560m地点」の案内板
598mピーク
登山口
越前下山駅
388m
下唯野駅
219m
勝原駅
264m
旧カドハラスキー場駐車場登山口
荒島養魚場駐車スペース
350m
林道終点登山口
中出駐車場
白山ベンチ
トトロの木
大野市
仏原ダム
東勝原
西勝原
下打波
柿ヶ嶋
牛ヶ原
佐開
木落
城山神社
荒島神社
九頭竜湖へ
1:50,000
0
1km
N
Start Goal
A-1
A-2
A-3
A-4
A-5
A-6
B-1
B-2
B-3
B-4
B-5
B-6
C-1
C-2
C-3
C-4
D-1
D-2
D-3
D-4
D-5

02

九頭竜湖西岸にそびえるブナの原生林が美しい山

鷲鞍岳

わしくらだけ 1010m

日帰り

歩行時間＝4時間
歩行距離＝7・5km

技術度

体力度

コース定数＝**17**

標高差＝591m

累積標高差 668m 668m

九頭竜湖《くずりゅうこ》駅の目の前にどっしりと構えるのが鷲鞍岳で、山麓に国民休養地があり、冬は九頭竜スキー場として楽しめる。山名は、越前大野《えちぜんおおの》藩主がタカ狩の猟場としていたことと、稜線が鞍形であることに由来する。ブナの原生林が四季を通して美しい表情を見せてくれる人気の山である。

九頭竜湖畔から鷲鞍岳を見る

ブナの原生林の中を登る

タニウツギ

ＪＲ越美北線（九頭竜線）九頭竜湖駅から九頭竜川にかかる角野橋を渡って左折、林道を進むと「自然楽校」の建物がある。もう少し進み、車が5～6台駐車できそうな空き地が林道の入口で**役場前コースの登山口**だ。旧登山口はここよりも先にあったが、登山道の崩れが目立ち廃道となった。

標識にしたがって林道入口を右手に進み、4回目のカーブで本来の役場前コースと**合流**する。ここから杉の植林地の中を、階段がつけられた急坂と緩やか

■鉄道・バス

往路・復路＝ＪＲ越美北線（九頭竜線）九頭竜湖駅下車、九頭竜スキー場へ向かって進み、橋を渡って左折して進めば役場前コース登山口、右へ進めば国民宿舎で、左手倉庫の左側が国民宿舎前コース登山口。ともに駅から1・5キロ、徒歩15分。

■マイカー

中部縦貫道大野ICから国道158号を白鳥方面へ走る。ICから約40分で、九頭竜湖駅手前で九頭竜スキー場方面へ右折し九頭竜川の橋を渡る。左折すると役場前コースで、数台駐車可。その手前の自然楽校横にも5～6台の駐車ができる。橋を渡って右折すれば国民宿舎前で、ここは大型バスも駐車可能。なお、令和5年10月、中部縦貫道路の九頭竜ICが開業予定で、和泉地区へは北陸道福井北ＪＣＴより直通となる。

■登山適期

4月下旬～11月。冬期は降雪量が多く、登る人は少ない。

■アドバイス

▽春の新緑、秋の紅葉期がおすすめ。

▽「森林浴の森100選」に選ばれている国民宿舎付近の九頭竜国民休養地では毎年5月中旬に九頭竜新緑まつりが開催される。

▽九頭竜国民休養地では毎年10月末に九頭竜紅葉祭りも開催される。

な登山道が繰り返される。

標高700メートルあたりからブナの原生林となり、存在感ある巨木たちを楽しみながら歩いていく。**標識**をすぎ、左手に電波反射板が見えればあと少しだ。反射板からは九頭竜湖方面、倉谷山《くらたにやま》や平家岳《へいけだけ》が望まれる。

登り着いた**鷲倉岳**頂上には展望はなく、3等三角点(点名＝鷲ヶ鞍)があり、登ってきた役場前コース、九頭竜ダムコース、国民宿舎前コースが合流する。

下山路は国民宿舎前コースを下る。この尾根もブナの大木がすばらしく、樹木の切れ間から荒島岳や白山《はくさん》などの展望が楽しめる。**林道**との二股を左に登り返すと、**ベンチのある小さな広場**で右に折れて下山路となる。急坂の階段を慎重に下ると分岐があり、右へ進むとスキー場に出てゲレンデを下りていくが、ここは左へ進み国民宿舎に向かう。

杉林の中をジグザグと進み、沢を渡る小橋を渡ったところに奥越《おくえつ》高原県立自然公園の大きな看板があり、ここが**登山口**となる。格納倉庫の横を通り、国民宿舎パークホテル九頭龍に出たら、あとは出発点の九頭竜湖駅まで戻る。

(亀田友紀)

CHECK POINT

役場前コース登山口から右へ、夏草繁る作業道を行く

作業道から登山道へ入ると、急な階段となる

反射板展望所。倉谷山の向こうは平家岳

鷲倉岳山頂は3コースの合流点だが、展望はない

国民宿舎コースの登山口近くの橋

国民宿舎パークホテル九頭竜

▽宿泊や日帰り入浴には、国民宿舎パークホテル九頭竜☎0779・78・2326、九頭竜温泉平成の湯☎0779・78・2910などがある。

▽九頭竜湖は九頭竜ダムによってせき止められたダム湖で、面積8・9平方キロで、夢の懸け橋の試作橋がある(18ページ参照)。

■問合せ先
大野市役所☎0779・66・1111、大野市観光協会☎0779・65・5521

■2万5000分ノ1地形図
越前朝日

03

平家岳

福井県内最奥の山々が連なる一角にある穏やかな山容の山

へいけだけ
1442m

日帰り

歩行時間＝6時間15分
歩行距離＝10・9㎞

技術度
体力度

コース定数＝25
標高差＝749m
累積標高差 966m 966m

↑送電線巡視路から井岸山、平家岳

平家岳は平家の落人伝説が残る山だと思われがちだが、その証拠はなく、越美《えつみ》山地奥深くにたたずむ穏やかな山である。九頭竜《くずりゅう》ダムで発電された送電線をたどる巡視路が登山路となっている。ここでは面谷《おもだに》川上流に南北朝時代に発見され、大正11年まで存続した面谷銅山の廃坑跡から送電線のつながる稜線をたどってみよう。

←山頂に向かって灌木帯を行く

大野《おおの》から国道158号で九頭竜湖を目指す。いくつかのトンネルや橋を渡ると、「白馬洞」の標識がある。ここで右折して県道230号へ入り、箱ヶ瀬《はこせ》橋を渡って右折する。湖岸沿いに走り、面谷橋を渡ってすぐ左折、面谷川沿いにダートの林道を走る。墓地をすぎてしばらく進むと、右手に車が5〜6台置ける空き地と登山口の標識がある。さらに林道を進むと数台の駐車スペースがあるが、手前の空き地に停めるのが無難である。

登山口から林道を進み、谷を渡ると登山道となる。急な細尾根の登山道をジグザグに登ると、桧の巨木に出会う。さらにやせ尾根の登山道を進むと、伊勢川《いせがわ》橋からの**鉄塔巡視路と合流**する。分岐を左折してアップダウンを繰り返しながら進むと、送電線鉄塔だ。5月ごろならシャクナゲ、6月中旬だ

■鉄道・バス
往路・復路＝JR九頭竜線越前大野駅からタクシーで面谷鉱山跡へ。

■マイカー
北陸自動車道、中部縦貫道大野ICから国道157号、158号で九頭竜湖にかかる箱ヶ瀬橋を目指す。なお、令和5年10月、中部縦貫道路の九頭竜ICが開業予定。

箱ヶ瀬橋は本四連絡橋「瀬戸大橋」のモデルとして九頭竜湖に架けられた吊橋だ

■登山適期
5〜11月。冬期は雪深く、それなりの経験と装備が必要。

■アドバイス
▽登山道に危険な場所は特にないが、面谷川沿いの林道は路面状況が悪いので、車高の高い四輪駆動車が

とサラサドウダンやシロバナフウリンツツジ、6月下旬ならニッコウキスゲが目を楽しませてくれる。

木々が伐採された巡視路尾根を進むと、右手に平家岳と井岸山《いぎしやま》が見えてくる。**巡視路分岐**を右に進むと井岸山だ。巡視路分岐を左に進むと美濃《みの》平家岳に行けるので、時間があれば立ち寄ってみよう。平家岳へは井岸山で右折後少しだけ下ってから登ることになる。最後の急登をがんばれば、待望の**平家岳**である。2等三角点（点名＝平家岳）があり、白山《はくさん》や県内の山々、御嶽山《おんたけさん》など360度の展望が楽しめる。

帰りは往路を忠実にたどる。（山田哲雄）

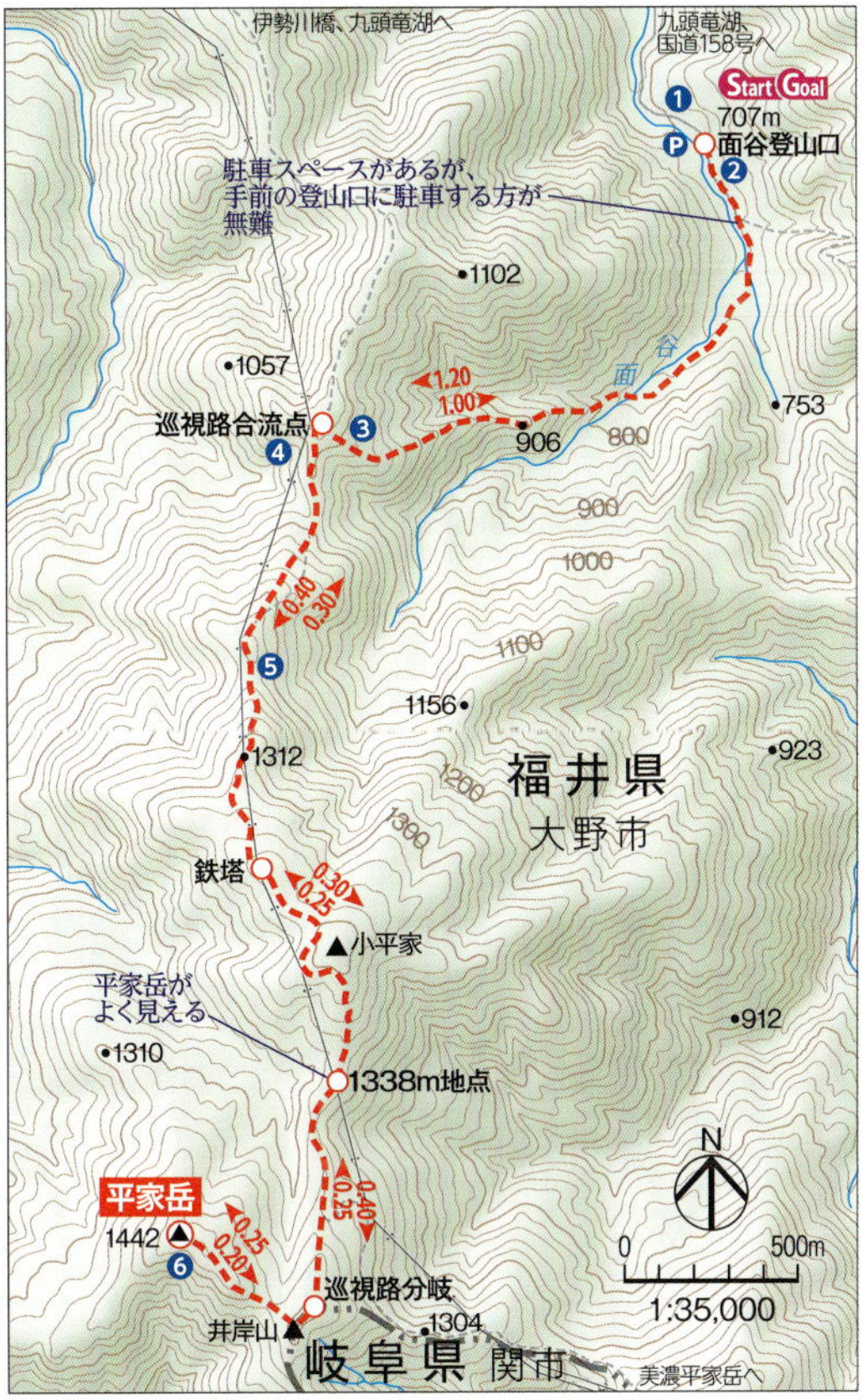

無難。年によっては通れないことがあるので下調べが必要。

▽入浴なら、国民宿舎パークホテル九頭竜☎0779・78・2326、九頭竜温泉平成の湯☎0779・78・2910などがある。

サラサドウダン

シロバナフウリンツツジ

■問合せ先

大野市役所☎0779・66・1111、大野市観光協会☎0779・65・5521

■2万5000分ノ1地形図

越前朝日・平家岳

CHECK POINT

1 石積みが残る面谷鉱山の住居跡

2 面谷登山口から最初は林道を行く

3 急な尾根の途中で出会う桧の巨木

4 伊勢川橋からの巡視路出合

5 季節の花が楽しめる送電線尾根

6 2等三角点の平家岳山頂

04

名松新道から小松谷登山道を周遊するブナと花の山

銀杏峰

げなんぽ

1441m

日帰り

歩行時間＝4時間40分

歩行距離＝11・0km

技術度

体力度

コース定数＝**23**

標高差＝968m

累積標高差 ↗1055m ↘1055m

大野《おおの》盆地の西南に、部子山《へこさん》と肩を並べてそびえる銀杏峰は、中腹に銀山があったことからその名がついたといわれている。この山は登山路がなく、積雪時にのみ登られていた山だったが、地元有志の力で銀鉱山の道が整備され、今では四季を通じて訪れる登山者が多い。麓には大本山永平寺《えいへいじ》に次ぐ日本曹洞宗第二道場の宝慶寺《ほうきょうじ》がある。ここでは名松《めいしょう》新道を登り、小《こ》葉谷《ばだに》登山道を下る周回ルートを紹介しよう。

宝慶寺いこいの森に大きな駐車場がある。管理棟前のログハウス横が名松新道の登山口で、いきなりの急登からはじまる。登山道は歩きやすく、よく手入れされている。りっぱな仁王《におう》の松《まつ》をすぎるとブナ尾根になる。急坂を登りきると**前山**《まえやま》に立つ。荒島岳《あらしまだけ》や経ヶ岳《きょうがたけ》、白山《はくさん》の展望を楽しみながら休むとよい。

前山からいったん下ると、再び急な登りが続く。ササの大平原に出ると山頂は近い。**銀杏峰**山頂からは、姥ヶ岳《うばがたけ》、能郷白山《のうごうはくさん》、荒島岳などの展望を楽しむことができる。山頂の先に遊歩道があるので、時間があるなら立ち寄ってみよう。夏には高山植物が花開く。

下りは小葉谷登山道を行く。部子山を正面に見て大平原を進むと急な下りになる。ところどころに海抜が書かれた標識がある。「海抜850メートル」の標識がある鉱山跡には苔むした石垣が残っている。鉱山跡をすぎるとすぐ**林道**に出る。再び尾根道を下ると**小葉谷登山口**だ。登山口から**駐車地点**ま

■鉄道・バス

往路・復路＝JR九頭竜線越前大野駅下車、タクシーで宝慶寺いこいの森の登山口へ。

■マイカー

福井ICから国道158号で大野を目指す。奥越ふれあい公園を右手に見ながら篠座東交差点を右折。県道34号を進むと途中に宝慶寺への分岐がある。宝慶寺いこいの森の案内板がある橋の三差路で左折。宝慶寺いこいの森にはキャンプ場、大駐車場、トイレが整備されている。福井北ICからは、中部縦貫道で大野IC下車。国道157号を南に進み、158号との三差路を右折後、篠座東交差点で左折する。

■登山適期

5～11月。3～5月は積雪や氷結も

冬の銀杏峰山頂は風が強い。夏期は広々としたササ原が続く

CHECK POINT

いこいの森の名松新道登山口

仁王の松をすぎるとブナ林に入る

白山展望台の銀杏峰前山

展望が広がる銀杏峰山頂

鉱山跡からはすぐに林道に出合う

林道から再度尾根道に入る

山頂の遊歩道。高山植物が多い

前山山頂は白山の展望がすばらしい

前山から北東方向。右のピークは荒島岳

で、約50分の林道歩きが待っている。小葉谷登山口前の広場には10台ほど駐車できるので、車が2台あるなら、前もって小葉谷登山口に1台置いて、いこいの森駐車場に戻るとよい。　（山田哲雄）

あり、状況に応じて装備が必要。3月には山スキーも適期。

■アドバイス

▽いこいの森駐車場から登るのが一般的だが、周回ルートなら林道を1・5㌔ほど車で進み、カーブミラーがある林道三差路付近に置くと3㌔短縮できる。そこから左手の林道を行き、この林道終点から急坂を登ると、いこいの森からの登山道に合流（上部登山口）する。

▽入浴は大野IC近辺のあっ宝んど☎0779・66・7900がおすすめ。福井ICへ向かう国道157号の途中のルポの森☎0776・96・7071でも日帰り入浴ができる。

■問合せ先

大野市役所☎0779・66・1111、大野市観光協会☎0779・65・5521

■2万5000分ノ1地形図

宝慶寺

ブナ林の緑が眩しい平家平を行く。足もとにオウレン畑が広がる

05 姥ヶ岳

山姥と平家落人伝説の山と高原

うばがたけ
1454m

日帰り

歩行時間=4時間30分
歩行距離=9.6km

技術度 1/5
体力度 1/5

コース定数=18
標高差=524m
累積標高差 ↗670m ↘670m

姥ヶ岳は真名《まな》川の上流、雲《くも》川と笹生《ささお》川にはさまれた平らな山稜だ。姥ヶ岳の西面と倉《くら》の又山《またやま》(1216メートル)の北斜面に広がる平家《へいけ》平《だいら》は、東西2キロ、南北2・3キロ、標高800メートルから1000メートルにおよぶ高原である。山野草やブナ林などの自然が豊かで、大野市が自然環境の保全を目的に購入して保護している。山名は「山頂付近の岩窟に親切な山姥がいた」「平家の落人が平家平に住んでいた」という伝説によるといわれ、麓の集落には「平家踊りの唄」が残っている。

巣原《すはら》橋を渡って狭い舗装林道を慎重に進むと、約20分で無人雨量観測所がある。登山口を左折した先が駐車場だ。ここに車を停め、少し戻って**登山口**から登山をはじめる。山道や林道がいくつもあるので、標識を頼りに登るとよい。早春にはカタバミ、サンカヨウ、ユキザサ、ラショウモンカズラ、サワハコベ、ニリンソウなど、数多くの花が訪れる人の目を楽しませてくれる。

平家平は約1万本ものブナが約40ヘクタールにわたって生い茂る森であり、平成8年に大野市の天然記念物に指定されている。樹齢400年以上のトチノキの巨木やミズバショウの群落なども点在し、ブナ林の足もとには可憐なオウレンが雪解けを待っている。

平家平からいったん谷筋の山道を下ると、**ミズバショウ群生地**だ。カタクリやタムシバを楽しみながら緩やかな尾根道を進むと、なだらかな**姥ヶ岳**山頂で、2等三角点

■**鉄道・バス**
往路・復路=JR九頭竜線越前大野駅下車、あとはタクシー利用となる。帰りの予約を忘れずに。

■**マイカー**
中部縦貫道大野ICから国道157号を南下し、雲川沿いに進む。雲川ダム手前で巣原橋を渡って平家平を目指す。狭い道路だが、登山口まで舗装されている。麻那姫湖青少年旅行村から先は通行止めのことがあるので、事前に調べておくこと。平家平駐車場は10台ほどのスペース。

■**登山適期**
5~11月。冬期、国道157号が真名川ダムで通行止めになり、5月初旬までは登山困難。新緑のブナ林とオウレン畑はみごと。

姥ヶ岳の魅力を増しているのがオウレン(上)とミズバショウ(下)

■**アドバイス**
▽山麓の麻那姫湖青少年旅行村☎090・4325・1240ではキャンプやバーベキューが楽しめる。
▽入浴施設はあっ宝んど☎0779

笹生川ダムを俯瞰する

（点名＝小沢）がある。山頂から北側は荒島岳《あらしまだけ》や白山《はくさん》の展望がすばらしく、笹生川ダム湖が眼下に見える。東側は奥美濃《おくみの》の盟主である能《のう》郷白山《ごうはくさん》や御嶽山《おんたけさん》が意外と近くに見える。

下山は同じコースをたどる。平家平のブナ林でゆっくり休憩してから下るとよいだろう。新緑や黄葉の時期は山頂まで行かずに、平家平のブナ原生林でゆっくりすごす人も多い。（山田哲雄）

・66・7900が人気。

■問合せ先
大野市役所☎0779・66・1111、大野市観光協会☎0779・65・5521

■2万5000分ノ1地形図
冠山・能郷白山

CHECK POINT

左右が駐車場になっている平家平入口の標識にしたがって中央へ進むとゲートがある

平家平には林道が多いので、姥ヶ岳方向を示す標識にしたがって登っていこう

ミズバショウ群生地は広い尾根上の湿地で、雪が解けると次々にミズバショウが群生する

姥ヶ岳山頂は平坦で樹木が少なく、北側の展望がよい

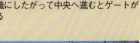

1492㍍ピーク付近から山頂方面

なだらかな山頂高原は展望抜群

06

奥美濃・両白山地南部の盟主として知られる1等三角点の山

能郷白山

のうごうはくさん 1617m

日帰り

歩行時間＝4時間
歩行距離＝6・0km

技術度
体力度

コース定数＝17
標高差＝597m
累積標高差 750m 750m

両白《りょうはく》山地南部の盟主・能郷白山は1等三角点（点名＝能郷白山）の山であり、真名《まな》川の源流、福井と岐阜の県境に位置し、別名を「納《のう》郷山《ごうさん》」「権現山《ごんげんやま》」ともよばれている。白山信仰が盛んだったころには伏拝所であったともいわれていて、南側の広い草原に白山妙理権現を祀る能郷白山神社の奥の院が建っている。かつては岐阜県の能郷地区からのみ登山できたが、昭和63年に国道157号の開通に伴い、温《ぬく》見《み》峠からの登山道がつけられ、人気のコースになった。もっとも、白山信仰の時代には、温見峠は修行僧や旅人の往来が頻繁であったようで、ここから能郷白山へ登るルートも当然あったと思われる。

温見峠からしばらくは樹林帯のよく整備された登山道である。足もとにはユキザサやマイヅルソウが可憐な花を咲かせている。

樹林帯が終わると6月

■鉄道・バス
往路・復路＝JR九頭竜線越前大野駅下車、温見峠まではタクシーを利用する。帰路の予約は必須。

■マイカー
中部縦貫道大野ICから国道157号で真名川ダムを目指す。登山口に駐車場はないが、広めの道路脇へ路上駐車となる。7～8台は駐車可能。

■登山適期
5～11月。国道157号は例年11月

ムラサキヤシオツツジ

サラサドウダン

はるかに白山を望む

CHECK POINT

1 温見峠の登山口。前方は福井県

2 最初は急な樹林帯の登り

3 温見峠から500メートルの標識

4 山頂まで400メートルの標識

5 1等三角点（点名＝能郷白山）

6 奥の院への道

中旬ごろならサラサドウダンがちょうど見ごろになる。両側がササの急登が続くが、**標高1492メートル**をすぎると緩やかな尾根道になり、銀杏峰《げなんぽ》や姥《うば》ヶ岳《たけ》が見えてくる。

1等三角点がある**能郷白山**山頂から少し下って能郷谷からの登山道に合流後、5分ほどで**奥の院**に到着する。このあたりは広い高原状で、コバイケイソウやニッコウキスゲの大群落があり、御嶽山、白山、北アルプスの山々の大展望を楽しむことができる。なお、奥の院の祠は、平成30年秋の台風で倒壊。復旧の見通しは不明のようだ。

下山は往路を引き返す。

（山田哲雄）

30日から5月上旬まで真名川ダム～温見峠間が冬期通行止めとなる。

■アドバイス

▽国道157号は「酷道」で1車線区間も多く、麻那姫湖青少年旅行村から先は通行止めのことがあるので、事前に福井県道路情報を確認すること。

▽温見峠から岐阜県側の道路も通行止めになることがあるので下調べが必要。熊河（くまのこ）峠付近から道路が狭くなる。

▽麻那姫湖青少年旅行村☎090・4325・1240ではキャンプ場やバンガロー、バーベキューなどの設備がある。

■問合せ先

大野市役所☎0779・66・1111、大野市観光協会☎0779・65・5521

■2万5000分ノ1地形図

能郷白山

↑大きな石標が立つ冠山峠からの冠山

←山頂へ続く岩場から冠平方面を見る

07

冠山《かんむりやま》 1257m

烏帽子の形をした展望抜群の山

日帰り

歩行時間＝2時間50分
歩行距離＝5・5km

技術度
体力度

コース定数	＝**11**
標高差	＝214m
累積標高差	↗400m ↘400m

冠山は両白《りょうはく》山地の南の雄、能郷《のうごう》白山《はくさん》のそばにあって、その特異な山容で知られている。冠山峠から見る冠山は、「烏帽子冠」またはスイスのマッターホルンのような特異な山容で、未来に残したい「日本の自然100選」に選ばれているほどだ。

登山口の冠峠への林道冠山線は、長く未開通のまま工事が続いている国道417号をつなぐように、福井県池田《いけだ》町田代と岐阜県揖斐川《いびがわ》町塚奥山《つかおくやま》を結んでおり、福井県側は切り立った断崖を切り開いて建設されている。冬期間は約6ヶ月間ほど通行止めであり、落石や路肩の崩壊など、走行に注意が必要だ。登山口の冠峠には広い駐車場と林道開通を記念した大きな石碑があり、冠山と反対の西側は金《かな》草山《くさやま》の登山口となっている。

冠峠の林道開通記念碑の横から出発する。冠山を眺めながら、よく整備された尾根道を進む。標高1156㍍で尾根が右折して、緩やかなアップダウンを続けることになる。鞍部は湿地で、付近はブナの木が多い。

山頂直下の**冠平**は広いササの平原で、中央の広場には1955年の遭難碑が立っている。周囲にはニッ

■**鉄道・バス**
登山口までは交通の便が悪く、利用できる公共交通機関はない。

■**マイカー**
福井からは国道158号、県道2号、国道476号で池田町稲荷に向かい、稲荷から田代まで国道417号、林道冠山線を走る。林道冠山線は狭くて急勾配と急カーブが連続しているので要注意。北陸自動車道鯖江ICからは国道417号で板垣トンネルを通って池田町志津原を目指す。

■**登山適期**

CHECK POINT

前方に冠山が見える

ササ原が広がる冠平

岩場の登り

冠山山頂。背後は金草岳方面

↑山頂直下の湿原に咲くキンコウカ

コウキスゲの群落があり、山頂を眺めながらくつろぐのも悪くない。

冠平から岩場を慎重に登っていくと**冠山**の狭い山頂に登り着く。展望はすばらしく、奥美濃や奥越の山々、遠くに白山も見ることができる。

帰りは往路を引き返す。時間に余裕がある場合は、先に金草岳に登り、冠峠から冠山を往復するとよいだろう。

（山田哲雄）

林道冠山線の開通は6～11月。積雪状態により開通時期が変動する。大雨のあとも通行止めになることがあるので、事前に池田町のHPで調べるか、池田町役場に問い合せるとよいだろう。冬期は登る人は少なく、熟達者向き。

■アドバイス

▽双龍ヶ滝は「日本の滝百選」に選ばれた美しい滑滝。池田町松ヶ谷で国道476号を大野市方面へ向かう県道34号線へ入り7・3キロで滝の駐車場へ。

▽温泉と宿泊は渓流温泉冠荘☎0778・44・7755がある。

▽池田町にはクライミング競技のボルダリング、リード、スピードに対応した屋内訓練施設「池田町立クライミングウォール」があり、宿泊・合宿もできる。

▽池田町は北条時頼が伝えたとする能・田楽が盛んな地で、古来、多くの面打師を輩出している。能面美術館・博物館☎0778・44・7757に古い能面が保管・展示されている。また、毎年2月15日に池田町水海の鵜甘神社で田楽・能舞が行われ、多くの観客を集めている。

■問合せ先

池田町役場☎0778・44・6000

■2万5000分ノ1地形図

冠山

08

アクセス困難な越美国境の山

金草岳

かなくさだけ
1227m

日帰り

歩行時間＝4時間30分
歩行距離＝7・5km

技術度
体力度

コース定数	＝21
標高差	＝184m
累積標高差	997m（登り） 997m（下り）

金草岳は「金屎ヶ岳《かなくそたけ》」「塚奥山《つかおくやま》」ともいわれ、冠山《かんむりやま》峠の西、美濃と越前《えちぜん》の国境に位置している。「金屎」が「金草」に変わったのは幕末から明治のはじめらしく、美濃と近江の国境にある金糞岳《かなくそだけ》と紛らわしいので、「屎」を「草」にしたようだ。

登山コースは楢俣《ならまた》川から檜尾《ひのきお》峠をたどる登山道と、冠山峠から稜線を伝う2コースがある。ここでは冠山峠から布滝《ぬのたき》ノ頭《あたま》、檜尾峠、白倉岳《しらくらだけ》を経て金草岳を往復するコースを紹介しよう。

冠峠の西側に金草岳の**登山口**がある。峠から冠山を背にして山腹を横切るように進むと、**布滝ノ頭**の小ピークに出る。小さなアップダウンを繰り返して急登にかかると、右手に水場がある。さらに5分ほど急登をがんばれば**檜尾峠**に着く。

峠からはササの道を進む。岐阜県側は杉の植林地で福井県側は雑木林だ。残念なことに植林地はほとんど手入れされていない。白倉岳への登りの露岩帯では6～7月ごろにニッコウキスゲが目を楽しませてくれる。**白倉岳**山頂からは展望がすばらしく、眼前に金草岳が迫る。

少し下って登り返すと小さな切り開きがある**金草岳**だ。展望は白倉岳からの方がよいが、白倉岳には適当な休憩スペースがないので、この山頂でゆっくり休んでいこう。

下山は往路を戻る。（山田哲雄）

■鉄道・バス
往路・復路＝JR北陸本線武生駅下車、福井鉄道バス池田町稲荷行きに乗り、稲荷からタクシーで冠峠へ。バス、タクシーとも事前に要確認。

■マイカー
鯖江ICまたは武生ICから国道417号に入り、足羽川の上流を目指す。最後に田代トンネルを通過すると、道幅が狭くなって林道冠山線になる。舗装されているが、狭くてカーブが多いので慎重に運転したい。カーブには峠まで1キロごとに10番から1番まで看板が設置されている。冠山峠の広場や路肩に20台ほど駐車可能。林道冠線はマイクロバスも走行可能（許可制）。

■登山適期
国道417号や林道冠線が開通する6月から閉鎖される11月まで。天候などで通行止めも多い。

■アドバイス
▽池田町には渓流温泉冠荘☎0778・44・7755やツリーピクニックアドベンチャーいけだ☎0778・44・7474、能面美術館・博物館☎0778・44・7757、かづら橋などがある。登山の行き帰りに訪れてみてはいかがだろう。

■問合せ先
池田町役場☎0778・44・6000

■2万5000分ノ1地形図
冠山・古木

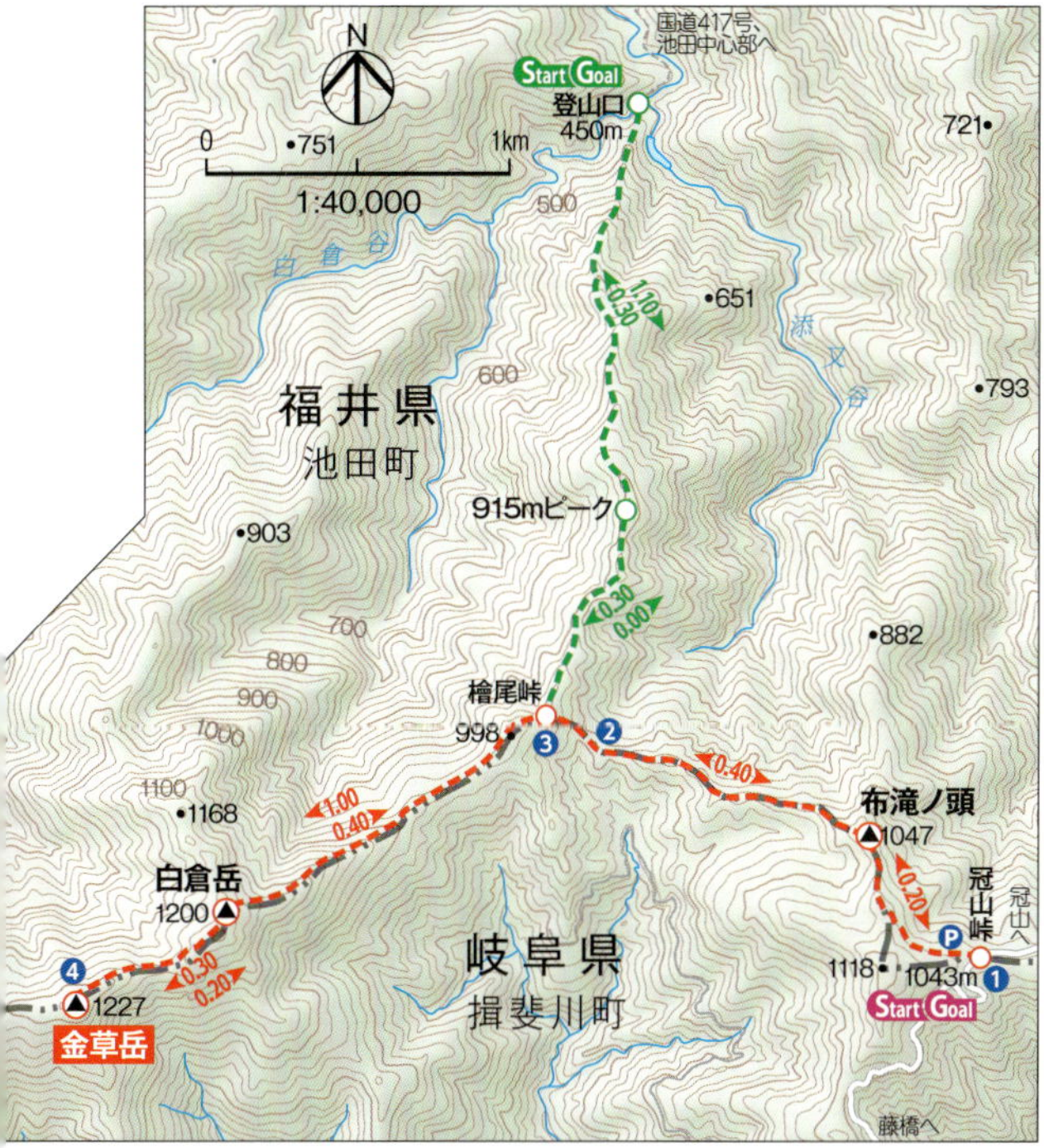

1118㍍付近からの展望。左端が金草岳

白倉岳のお花畑

イブキトラノオ

ニッコウキスゲ

サブコース 檜尾登山道

冠山峠まで入れないときは、池田町河内三差路から檜俣林道へ入り、白倉谷と添俣谷の出合から檜尾登山道を登って檜尾峠に出ることができる。河内三差路から登山口までは、歩いても40分ほどである。この峠道は江戸時代、美濃と越前を結ぶ交易路であり、ところどころにその遺構が残っている。

白倉谷の登山口付近

なお、林道終点手前のコンクリート橋の横から沢沿いを20㍍ほど進み、一度沢を渡って対岸に移るので、経験者向きのコースだ。

CHECK POINT

1 冠山峠の登山口を出発

2 冠山方面を背にして登る

3 檜尾峠を左に行く

4 2等三角点の金草岳山頂

09

伝説の池を眺める展望台の山

夜叉ヶ池山（夜叉丸）

やしゃがいけやま（やしゃまる）
1212m

日帰り

歩行時間＝3時間55分
歩行距離＝7・6㎞

技術度
体力度

コース定数	＝**20**
標高差	＝716m
累積標高差	↗1035m ↘1035m

夜叉丸から夜叉ヶ池を俯瞰する。背後の高みは三周ヶ岳

夜叉ヶ池は日野《ひの》川の源流、福井県と岐阜県の県境の福井県側にある。周囲230メートル、水深7・7メートルのほぼ円形の池で、ブナの原生林に囲まれて神秘的なたたずまいを見せている。池の成因は山稜部の堰止湖だというが、現在、流入・流出する流れはない。干ばつに苦しむ村を救うために夜叉姫が池に身を投じたなど、「夜叉」「竜神」「雨乞い」の伝説が多い。この池の絶好の展望台が夜叉ヶ池山で、「夜叉丸」ともよばれている。まずは夜叉ヶ池畔に立ち、夜叉ヶ池山を往復してみよう。

登山口のカツラの大木は樹齢400年

登山口には樹齢400年のカツラの大木がある。夜叉竜神社の鳥居をくぐって橋を渡り、左側の沢沿いの道を行く。30分ほど歩くと、左手に夜叉ヶ滝が見える。沢沿いの道になると丸木橋を2本渡る。右側に大トチノキがあるので、帰りにでも立ち寄るとよい。

「池まで1500メートル」の標識で沢から離れるとジグザグの急登になり、このコースでいちばん辛いところにさしかかる。**「池まで1000メートル」の標識**をすぎ、あと200メートルの標識から山腹を横切るように進んで**夜叉ヶ池**に出る。幽玄な雰囲気の池畔で少し休んでいくこと

「森の巨人たち百選」のトチノキ

■鉄道・バス
往路・復路＝JR北陸本線今庄駅が最寄り駅だが、タクシーがないため、一般にはマイカー登山となる。

■マイカー
北陸自動車道敦賀ICから国道476号と国道365号で今庄方面に進

にしよう。

池の右手に沿って進むと、県境稜線に出ることができる。ここから右側の岩場を慎重に登ると、**夜叉ヶ池山（夜叉丸）**だ。

6～7月、岐阜県側の岩場にニッコウキスゲの大群落を見ることができる。

山頂からの急な岩場下りは要注意。**夜叉ヶ池**からは往路を戻る。尾根道に危険箇所はないが、沢沿いの水平道は高度があるので慎重に行動したい。

（山田哲雄）

CHECK POINT

1

登山口の鳥居から登りがはじまる

2

登山道の左に見える夜叉ヶ滝

3

季節ごとに表情を変える夜叉ヶ池

4

夜叉ヶ池山（夜叉丸）の露岩帯

み、今庄そば道場の交差点を右折して広野ダムから登山口まで岩谷川沿いに進む。登山口に広い駐車場とトイレがある。あるいは北陸自動車道今庄ICから国道365号で敦賀方面に進み、今庄そば道場の交差点を左折する。

■登山適期

6～11月。春～初夏にかけては多くの山野草の花が見られ、6月の岐阜県境稜線はニッコウキスゲの群落がみごとだ。冬期は県道231号が広野ダムより先通行止めとなる。

■アドバイス

▽夜叉ヶ池の周囲には固有種のヤシャゲンゴロウを保護するためにロープが張られている。池の周辺は火気が禁止されているので、コンロは厳禁。6月ごろなら、モリアオガエルの泡状の卵が池周辺の樹木にぶら下がっているのを見ることができる。

▽夜叉ヶ池から三周ヶ岳までの登山道はところどころで低木やササやぶのやぶこぎになる。片道1時間15分ほどなので、時間があれば往復するとよいだろう。

▽入浴は今庄365温泉やすらぎ☎0778・45・1113がおすすめ。

■問合せ先

南越前町役場☎0778・47・3000

■2万5000分ノ1地形図

広野・美濃川上

10

福井平野の東に壁のように立ちはだかる山並み

丈競山・浄法寺山

たけくらべやま 1045m
じょうほうじさん 1053m

日帰り

Ⓐ縦走コース 歩行時間=5時間40分 歩行距離=14.7km 技術度 体力度
Ⓑ清水小場コース 歩行時間=3時間50分 歩行距離=7.7km 技術度 体力度

コース定数=Ⓐ**28** Ⓑ**17**

標高差=Ⓐ853m Ⓑ553m

累積標高差 Ⓐ↗1228m ↘1228m Ⓑ↗728m ↘728m

福井平野から東方を眺めると、はるか九頭竜《くずりゅう》川の上流に白山《はくさん》連峰を遠望できる。そして、その北側に平野の壁のように連なる山並みがある。南から鷲《わし》ヶ岳《たけ》、冠岳《かんむりだけ》、浄法寺山、さらに南《みなみ》丈競山、北《きた》丈競山、火燈山《ひともしやま》と続き、石川県の富《ふ》士写《じしゃ》ヶ岳《たけ》へと連なっている。この中の中心をなすのが北丈競山から冠岳までの山塊だ。標高1000メートル前後の低山だが、福井市近郊でもあり、県民の憩いの山として四季を通じて登られている。南丈競山山頂には地元の丸岡《まるおか》山の会が建てた避難小屋があり、福井平野からも見える。また、冠山の直下には「清水小場《しょうずこば》」とよばれる清水が湧く浄法寺山青少年旅行村があり、トイレ、バンガロー、テニスコートなどの施設がそろっている。

一般的には北側の坂井《さかい》市丸岡《まるおか》町山竹田《やまたけだ》にある龍《りゅう》ヶ鼻《はな》ダム湖畔のじょんころ広場と南側の浄法寺山青少年旅行村が登山基地で、行けるところまで行っての往復か、両側に車を置いての縦走などが楽しまれている。近年、冠岳からじょんころ広場までのルートが開拓されたので、ここでは全山縦走を中心に紹介しよう。

Ⓐ縦走コース

じょんころ広場の駐車場から林道に沿って進み、分岐を左切して登山口に着く。林道を進めば冠岳方面である。左側の登山道に取り付くとしばらくはジグザグの急な山腹の道が続くので、ゆっくり注意しながら進もう。しだいに緩やかな傾斜となり、左からの**旧道との合流点**となる。ここからは穏やかな尾根道が続き、しだいに高度を上げていく。747メートルのピークから北・南丈競、浄法寺の山並みが連なっているのがよく望まれる。

いったん下ってから急登をがんばると**北丈競山**山頂で、3等三角点（点名＝丈競）がある。開けた山頂からは東に白山《はくさん》連峰、南に南丈競山の避難小屋が間近に見え、西側には福井平野が広がって、その向こうに国見岳《くにみだけ》や高須山《たかすやま》、その北側に日本海と、360度のパノラマが広がっている。

山頂から下って、急な登りを耐えれば1045メートルの**丈競山**（南丈競山）山頂に達する。修復なった避難小屋、石の祠が2基、ベンチなどがあって休息できる。ただし、周囲のササのため展望はよくない。

浄法寺山までは広い尾根上の気

■**鉄道・バス**

Ⓐ往路・復路＝JR北陸線福井駅から京福バスで丸岡バスターミナル乗り換え、山竹田行きが毎日5本ある。山竹田からじょんころ広場までは約2キロ、30分の歩行となる。

Ⓑ往路・復路＝えちぜん鉄道勝山永平寺線轟（どめき）駅下車。浄法寺橋を渡り、上浄法寺集落を越えて林道を7キロ歩くと標高460メートルの浄法寺山青少年旅行村がある。

■**マイカー**

Ⓐ北陸自動車道丸岡ICから県道10号または県道17号、国道364号経由で丸岡町山竹田へ向かう。竜ヶ鼻ダムへの林道を登り、橋を渡ってじょんころ広場駐車場へ。50〜60台駐車可能。

Ⓑ北陸自動車道福井北JCTから中部縦貫道永平寺IC、国道364号、鳴鹿三差路右折、県道17号上浄法寺集落の浄法寺山青少年旅行村の標識で左折し、林道で旅行村まで。

■**登山適期**

4〜11月、盛夏は暑さ対策が必要でおすすめできない。冬期にはそれなりの装備と経験が必要。

■**アドバイス**

▽登山口のじょんころ広場はシダレザクラの名所で、花期は4月中旬。

▽浄法寺山青少年旅行村☎0776・63・2867は標高500メートルのアウトドア・パラダイス。

北陸新幹線九頭竜川鉄橋工事現場付近から見る丈競・浄法寺山塊。左から北丈競山、南丈競山、浄法寺山、冠岳

持ちのよい山道を行き、展望台のある**浄法寺山**山頂に立つ。縦走路の最高地点で2等三角点（点名＝浄法寺山）がある。ここからは尾根道を下り、少し登り返すと**ラクダの背**とよばれるピークに達し、じょんころ広場への分岐に出合う。一度下り、登り返して10分で**冠岳**の山頂だ。山頂のさらに南に展望台があり、周囲を見わたすことができる。

ラクダの背の分岐へ戻り、西側へ冠新道を下る。上部はかなりの急傾斜だが、固定ロープが整備されており、安全に下降できる。やがて緩やかな尾根道となり、やや急な斜面を下ると竹田川上流の谷川に出る。川に沿って下り、3本のしっかりした木橋を渡って、**林**

▽丸岡温泉たけくらべ☎0776・67・2333で日帰り入浴ができる。

■**問合せ先**
坂井市役所☎0776・66・1500、永平寺町役場☎0776・61・1111

■**2万5000分ノ1地形図**
丸岡・龍谷

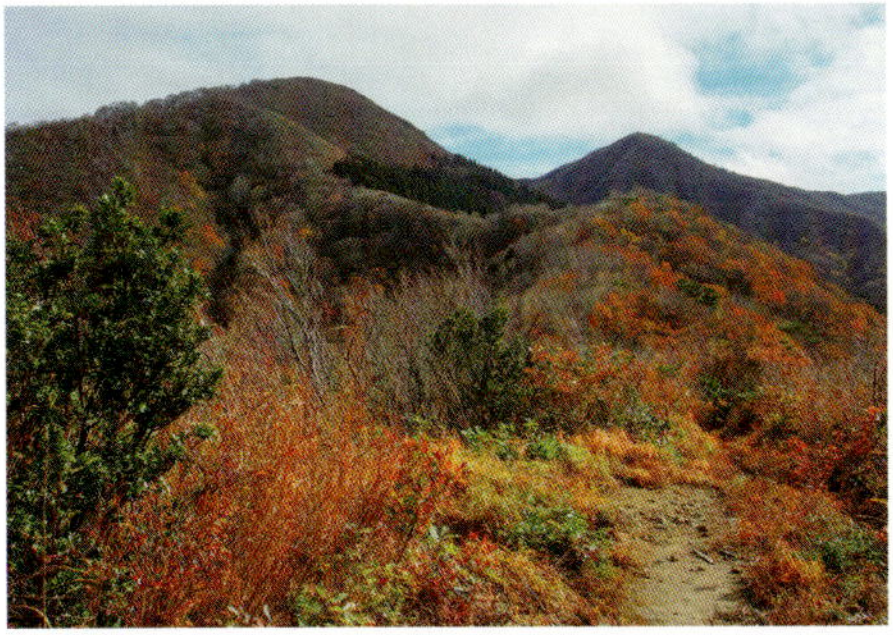

747㍍のピークから北・南の丈競山を望む

北丈競山から山頂に避難小屋が建つ南丈競山を見る

道終点の広場。この林道を下れば**じょんころ広場**の登山口へ戻る。

Ⓑ清水小場から冠岳・浄法寺山

浄法寺山青少年旅行村管理棟の裏に小さな谷川が流れ、ここが**清水小場**とよばれるきれいな水場だ。谷川にかかる石の橋を渡って、冠岳の急登がはじまる。よく整備されてはいるが、狭い急な登りが続く。ロープもあり、適当なホールドとなる岩や木などを頼りに登ること約1時間で山頂と展望台の間に出る。左に向かって少し下ると、岩壁の上の展望台で、すばらしい眺望だ。少し登り返すと**冠岳**頂上に立つことができる。ひと息入れよう。

浄法寺山山頂に立って、下山は冠岳頂上直下の分岐を右折、尾根を北東に進み、びんつけ地蔵をすぎ、**ツツジヶ原**の道標から急な下降路となる。大きな岩、一枚岩などが続き、ロープの助けを借りながらペンキを頼りに下ると大きな**獅子岩**に出る。ここも展望のよいところで、北東側すぐ近くに巨大な黒岩の岩壁が垂直にそびえ、その東には冠岳の岩壁も見上げることができる。少し下れば広い遊歩道となり、車道を横切りながら下れば**清水小場**の管理棟横へ帰着する。

（森田信人）

CHECK POINT—Ⓐ縦走コース

1

じょんころ広場登山口。右は林道

2

旧道合流点を右折する。左は廃道

3

北丈競山には３等三角点がある

4

平成30年11月改修の丈競山小屋

5

展望台が建つ２等三角点の浄法寺山

6

しっかり固定された木橋で谷を渡る

CHECK POINT—Ⓑ清水小場コース

1

清水小場の石橋を渡って登山道へ

2

冠岳展望台は断崖絶壁の上にある

3

九頭竜伝説が残るびんつけ地蔵

4

黒岩や冠岳の岩壁が迫る獅子岩

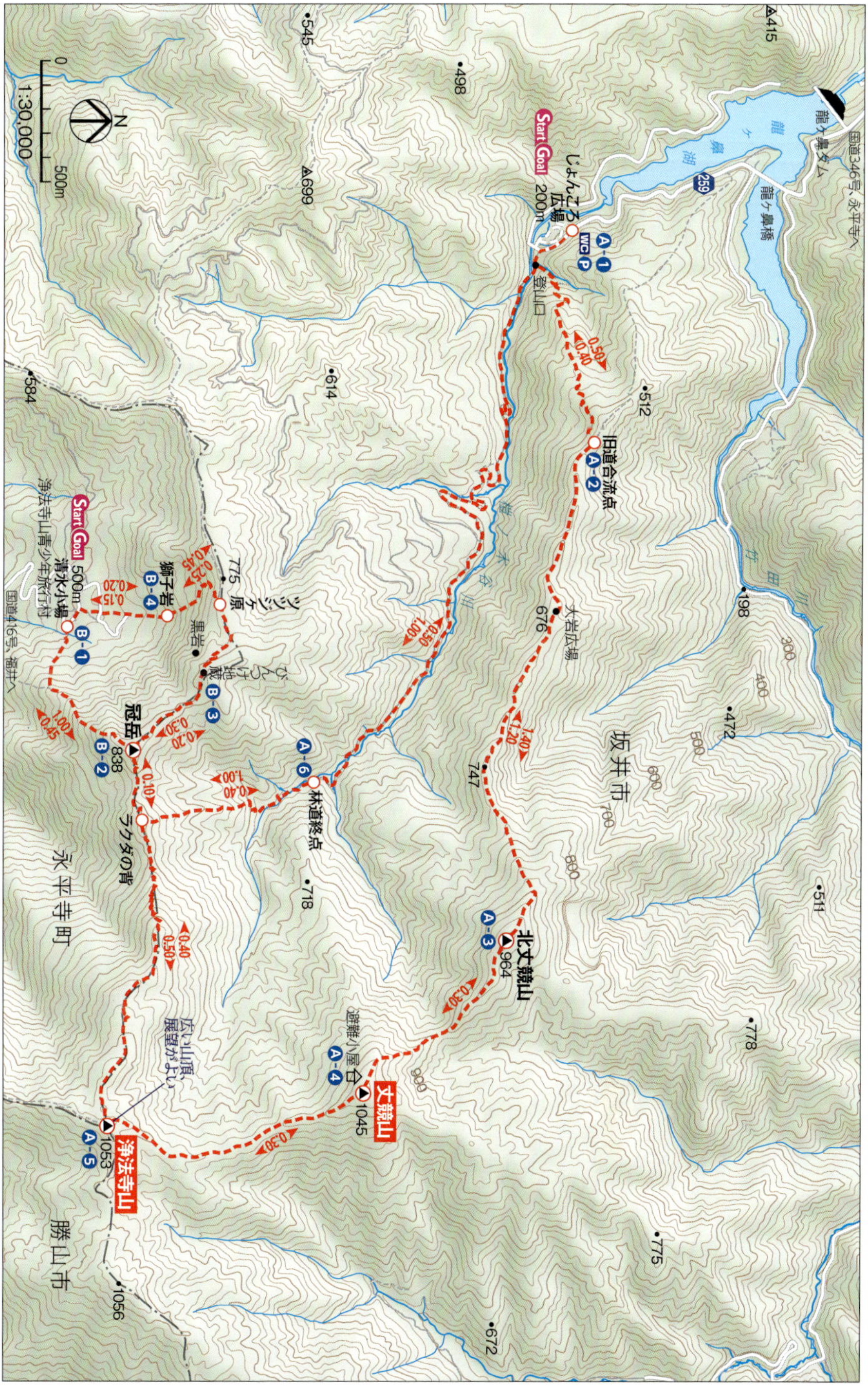

1:30,000
0
500m
N
Start Goal
じょんころ広場
200m
A-1
登山口
龍ヶ鼻ダム
龍ヶ鼻湖
龍ヶ鼻橋
259
旧道合流点
A-2
大岩広場
676
A-3
北文殊山
964
避難小屋
A-4
文殊山
1045
A-5
浄法寺山
1053
広い山頂 展望がよい
林道終点
A-6
ラクダの背
冠岳
838
B-2
B-3
びんつけ地蔵
黒岩
ジャンジャン原
775
獅子岩
B-4
Start Goal
清水小場
500m
B-1
浄法寺山青少年旅行村
国道416号、福井へ
坂井市
永平寺町
勝山市

11

継体天皇にゆかりの大展望の山

剣ヶ岳

けんがたけ
568m

日帰り

歩行時間＝2時間15分
歩行距離＝6・0km

技術度

体力度

コース定数＝**12**

標高差＝484m

累積標高差 ↗ 570m ↘ 570m

剣ヶ岳は加越《かえつ》国境稜線にあり、福井平野全般が見わたせる眺望で知られる。山名は男大迹王（おおとのおおきみ／継体天皇）が宝剣と霊蓋冠を埋めたという伝説があり、「剣蓋岳《けんがいだけ》」「剣《けん》が岳《だけ》」に由来するといわれている。清滝《きよたき》集落を抜け林道を清滝ダムへ向かう。害獣除けゲートを抜け、林業の作業場をすぎると大きな分岐があり、直進が剣ヶ岳方面で、「山頂まで3キロ」の小さな表示がある。ここに**駐車スペース**があるので、車を停めて登山を開始しよう。

坂井平野から剣ヶ岳を見上げる

加越国境の山々や日本海の展望がすばらしい剣ヶ岳山頂

■鉄道・バス

往路・復路＝JR北陸本線芦原温泉駅からタクシーで清滝集落の上流、林業作業所まで。

■マイカー

北陸自動車道金津ICもしくは丸岡ICから旧国道8号、県道110号を東進、清滝集落を抜け、清滝ダムを目指して林道を行く。先は悪路なので林道分岐付近で路上駐車となる。5～6台以上可能。清滝ダムサイトは充分な駐車スペースはない。

■登山適期

3～11月がよい。

■アドバイス

▽刈安山からのびる剣ヶ岳林道が加越県境尾根の630メートルピークの下までのびている。車の乗り入れは途中の606メートルピーク下の展望台までだが、充分な駐車場があり、林道終点まで徒歩30分、さらに30分程度で剣ヶ岳山頂に達することができる。

▽稜線をたどる登山道は林道完成後に廃道と化している。

▽基幹林道野々市刈安線は改修工事が完了し、通行できるようになっている（冬期は通行止めあり）。

▽北隣の刈安山には刈安山森林自然公園が整備され、展望に恵まれた行楽地として親しまれている。水洗トイレや展望台がある。

■問合せ先

あわら市役所☎0776・73・12

700㍍ほど行くと**清滝ダム**、さらに草の茂った林道を1・1㌔で林道終点。さらに数10㍍進んで、壊れた標識に「剣ヶ岳まで1・2㌔」の表示がある地点が**登山口**だ。右側の山腹につけられた急なジグザグの登山路となり、約20分で稜線に出る。視界は狭いが眼下にダムが見え、その向こう遠くには日本海まで望まれる。

さらに30分、急な稜線を進めば**剣ヶ岳**山頂だ。3等三角点（点名＝剱ヶ岳）と三体の石仏のある石の祠が建ち、その先に180度以上の広大な展望が待っている。北の刈安山《かりやすやま》へ続く山並みは加越国境、西側には日本海の水平線が見え、塩屋《しおや》海岸から北潟《きたがた》湖、雄島《お》、東《とう》尋坊《じんぼう》、三里浜《さんりはま》の石油備蓄タンク、高《たか》須城山《すじょうやま》、国見岳《くにみだけ》と連なり、福井平野はもとより、遠く日野《ひの》川流域の越知山《おちさん》、日野山《ひのさん》、三里山《さんりやま》など、南のかなたも一望できる。

下山は往路を戻る。（森田信人）

21、福井県三国土木事務所☎0776・82・1111
■2万5000分ノ1地形図
越前中川

CHECK POINT

1 林道分岐の駐車スペース

2 清滝ダムから山頂方面を見る

3 林道終点から登山道へ入っていく

4 尾根の展望所から見る清滝ダム

12

火燈山・小倉谷山

展望のシャクナゲ街道で遊ぶ

ひともしやま 803m
おぐらだにやま 911m

日帰り

歩行時間＝3時間40分
歩行距離＝7・0km

技術度
体力度

コース定数＝16
標高差＝632m
累積標高差 665m 665m

冬晴れの一日。冠雪した火燈山を望む

日本海と坂井平野を望む

尾根道のシャクナゲ街道

火燈山、小倉谷山は福井県坂井《さかい》市と石川県加賀《かが》市の県境にあって、福井平野からは西側の富士写《ふじしゃ》ヶ岳《たけ》と肩を並べて見える山塊だ。「火燈山」の名の通り、坂井市丸岡《まるおか》町にある豊原寺《とよはらじ》の山伏が山上で護摩を焚いたとか、一向一揆の際に狼煙を上げたといういわれがある。

登山口へは坂井市丸岡町山竹田《やまたけだ》の丸岡温泉たけくらべ付近で国道364号の橋梁下をくぐるように、火燈山への道標にしたがって吉谷《よしたに》林道へ入り、吉谷集落跡の**白山《はくさん》神社**付近の駐車スペースに駐車する。

林道を400《メートル》ほど進むと右手に登山道の標識があり、ここが**登山口**となる。緩やかな登山道を進み、林道を横切ってからは急な登りとなる。

やがて展望が開けると、ほどなく石川県境の**火燈山**山頂に到着する。福井平野の展望がすばらしく、九頭竜《くずりゅう》川の対岸は丹生《にゅう》山地の北部、北から高須山《たかすやま》、国見岳《くにみだけ》、金毘羅山《こんぴらさん》、越知山《おちさん》などが立ち並び、九頭竜川の河口や三里浜《さんりはま》の石油貯蔵タンク群、福井火力発電所が間近に見える。

県境尾根はここから左に下れば国道364号のトンネル上の大内《おおうち》

■鉄道・バス

往路・復路＝JR福井駅またはJRあわら温泉駅から京福バスで丸岡バスターミナル下車。タクシー利用で坂井市丸岡町吉谷の駐車場まで行く。

■マイカー

北陸自動車道丸岡ICから県道10号または県道17号、国道364号経由で丸岡町山竹田へ向かう。山竹田で国道から「たけくらべ温泉」方面への旧道へ降りると、すぐに右手山側に「火燈山登山道・吉谷不動堂」の標識がある。ここを山側へ折れ、国道の橋梁下をくぐり、吉谷林道へ入る。

■登山適期

4～11月、5月のシャクナゲ、10月の紅葉期がおすすめ。冬期には大内峠の駐車場から県境尾根（火燈古道）を往復するコースが冬山登山の初心者向き。

■アドバイス

▽国道364号を北上し、大内トンネルの石川県側を旧国道へ入ると大内峠に行ける。近年、地元の有志によって峠付近の駐車場から県境尾根を登る火燈古道が再整備された。標高差540《メートル》を約1時間20分で火燈山山頂へ達することができる。

▽丸岡温泉たけくらべ☎0776・67・2333は吉谷林道の出口を北にすぐ近い。宿泊施設も整っている。

▽丸岡城（霞ヶ城）は日本最古の天守閣を残す国の重要文化財で、15

CHECK POINT

山竹田の国道364号下を吉谷林道へ

吉谷の白山神社

白山神社付近の駐車スペース(5～6台)

林道から登山口へ

火燈山山頂から小倉谷山を望む

小倉谷山山頂の３等三角点

峠にいたる。右にたどれば小倉谷山方向で、尾根道にはシャクナゲの群落が続く。**小倉谷山**山頂には3等三角点(点名=伏拝)があり、白山信仰の遥拝地であったと思われる。展望が開けていて、白山や福井平野など眺めがよい。山頂から国境尾根をさらに進み、北に折れる山道をたどれば富士写ヶ岳に行くこともできる。

下山は往路を戻る。(森田信人)

76年柴田勝豊が築城。

■問合せ先

坂井市丸岡総合支所☎0776・68・0800、京福バス☎0776・54・5171、京福タクシー☎0776・27・5656

■2万5000分ノ1地形図

丸岡

13

鷲ヶ岳

南北朝時代の古戦場の山

わしがたけ
769m

日帰り

歩行時間＝3時間15分
歩行距離＝8・0km

技術度

体力度

コース定数＝16

標高差＝663m

累積標高差 ↗750m ↘750m

勝山市北郷町付近から見上げる鷲ヶ岳

山頂尾根から白山を望む

永平寺町から見た鷲ヶ岳

福井平野から白山《はくさん》連峰を見ると、その前に立ちはだかる山がある。両肩を怒らせたように見える鷲ヶ岳だ。福井県勝山《かつやま》市と永平寺《えいへいじ》町の境界に位置し、九頭竜《くずりゅう》川の北岸にそそり立つ姿はいかにも「鷲」を連想させ、南北朝時代の山城があったことがうなずける。山頂に伊津《いづ》地城が置かれ、南朝方の猛将・畑時能がわずか27名で籠城し、奮戦死した場所である。『太平記』には「伊地知山《いじちやま》」と記され、戦いの記事が詳しい。

登山口の伊地知《いじち》集落の**白山神社駐車場**から標識にしたがって林道を進むと、すぐに左手から登山道となる。はじめは緩斜面の登りだが、「馬の鞍掛」の表示をすぎると急な登りが続き、息を弾ませて馬の蹄跡とよばれる石に着く。見晴らし

■鉄道・バス
往路・復路＝えちぜん鉄道の越前竹原駅下車。徒歩で北へ向かい、市荒川大橋を渡り、伊地知集落白山神社登山口まで2・4キロ、30分。

■マイカー
北陸自動車道福井北JCTを経て中部縦貫道上志比ICから国道416号、市荒川大橋を渡って左折し、岩屋川を渡って右折。伊地知集落で道標にしたがって白山神社駐車場へ。

■登山適期
3～11月、ヤマザクラが咲く4月がおすすめ。冬期は天候急変と雪崩に注意。

シャガ

レンゲツツジ

■アドバイス
▽時間に余裕があれば、岩屋川を少しさかのぼった岩屋観音を訪れてほしい。境内には樹齢500年を超え、幹回り17メートルの県内一の大杉がある。付近にはキャンプ場も整備されている。

■問合せ先

がよいのでひと息入れよう。

この先で急斜面を削ってつくられた**林道**歩きとなるが、春先には大木となったヤマザクラやウワミズザクラ、ヤマブキなどが見られる。

林道の終点からは山頂尾根のアップダウンがはじまり、明るい尾根道では季節の花や周囲の展望が楽しめる。いくつかのピークを越え、最後の階段を登ると見晴らしのよい**鷲ヶ岳**山頂に到着する。かつて城が築かれていたという広い平坦地で、3等三角点（点名＝大越）、「畑将軍戦死の地」の石碑も立っている。展望はすばらしく、目前に九頭竜川の長大な流れと、対岸に屏風のように立ちはだかる大佛寺山《だいぶつじやま》の長い尾根が広がり、白山連峰、荒島岳《あらしまだけ》や経《きょう》ヶ岳《たけ》など奥越《おくえつ》の山並み、福井平野から九頭竜の河口まで見あきることはない。

ゆっくり休んだら往路を戻るが、急坂では注意して下ろう。

（森田信人）

岩屋観音の大杉

CHECK POINT

伊地知集落の白山神社、すぐうしろが駐車場

緩斜面からやがて急登している登山道

馬の蹄跡の石を通過

林道終点、左手山頂へ

畑将軍戦死の地の碑

山頂の３等三角点

勝山市役所☎0779・88・1111、勝山市観光協会☎0779・88・0033
■2万5000分ノ1地形図
龍谷

14 越前大日山（越前甲）

「甲」の名にふさわしいトロイデ型の雄峰

えちぜんだいにちやま（えちぜんかぶと）
1320m

日帰り
歩行時間＝2時間30分
歩行距離＝4・7km

技術度
体力度

コース定数＝12
標高差＝408m
累積標高差 578m 578m

「甲《かぶと》」とよぶのにいかにもふさわしい山頂をもつ越前大日山（越前甲）は、勝山《かつやま》市や大野《おおの》市の北方にそびえるトロイデ型の火山で、とても気になる山だ。加越《かえつ》国境上の加賀大日山の一角であるが、福井県側から眺めると、越前甲、加賀大日、加賀甲と東西に連なる山群の東端に、ひときわ高く秀麗にそそり立っており、一年中登山者の絶えない人気の山のひとつである。その登山路にある大日峠と新保《しんまた》峠（新又越《しんまたごえ》）は古くから越前と加賀を結ぶ古道でもあった。

　勝山市と小松《こまつ》市を結ぶ国道416号が2018年9月9日に開通し、アプローチが劇的に改善した。以前は山麓の「あまごの宿」付近がベースとなり、大日峠への長い古道を行かなければならず、健脚向きの山として知られていたが、416号の開通で県境の新保峠から県境尾根に取り付くルートがメインになると思われる。

　県境付近の駐車場に駐車して県境に向かう。県境に立つ国道の標柱の下が**新保峠登山口**だ。ここから送電線巡視路の長い階段をいっきに登り、右折して鉄塔へ向かう。鉄塔のうしろの**尾根**に石川県側から大日峠へ向かう山道がある。ここから左折し緩やかに下ると**大日峠**へ着く。

　峠からは尾根に沿っての急登となる。左側が崖の急斜面にはロープが固定されている。途中から山頂までの距離表示が100メートルごと

■**鉄道・バス**
往路・復路＝えちぜん鉄道勝山永平寺線勝山駅下車。タクシーで新保峠を目指す。
■**マイカー**
北陸自動車道福井北JCT経由中部縦貫道勝山ICから県道260号へ右折し、国道416号を走り、新保峠へ向かう。峠付近の福井、石川両県側に駐車場があり、30台以上可。
■**登山適期**
4～11月、2・3月は冬用装備で、山スキーも適。ただし、国道416号は野向町横倉集落以北は冬期閉鎖されるので要問合せ。
■**アドバイス**
▽越前甲から登山道は加賀大日山へ

越前大日山山頂から経ヶ岳（左）と荒島岳（右）

CHECK POINT

1 石川県境付近にある新保峠駐車場

2 新保峠の西側が登山口

3 巡視路の階段を上がる

4 送電線鉄塔から経ヶ岳と荒島岳を見る

5 大日峠から急坂を登る

（写真＝長谷川 久）

6 越前大日山山頂。360度の展望を楽しもう

勝山市街からの越前大日山（右）。「甲」の名にふさわしい

に現れて、斜度が緩くなると、やがて**越前大日山**山頂だ。2等三角点（点名＝大日山）があり、360度の展望で、福井県内の山々はもとより、天候に恵まれれば白山連峰が間近に望める。

帰路は往路を戻るが、急な下降となるので充分に注意してほしい。

（森田信人）

続いており、片道1時間の行程。

▽大日峠へ直接登る旧登山道は新国道に登山口の標識が設置されている。付近に6～7台の駐車スペースがある。登山道はやや荒れているが問題はない。物足りない人向き。

旧道登山口付近の駐車スペース

▽八反の滝は地形図にあり、新国道416号の途中にある案内板から5分ほど歩くと見ることができる。落差20メートル程度だが、「八反」というほどりっぱな滝だ。

八反の滝

（写真＝長谷川 久）

▽宿泊や日帰り入浴ならあまごの宿☎0779・88・5398へ。

■**問合せ先**

勝山市役所☎0779・88・1111、福井県奥越土木事務所（道路情報）☎0779・66・1221

■**2万5000分ノ1地形図**

北谷

勝山市郊外からの取立山

15 取立山

ミズバショウとタムシバの白山展望台

日帰り

とりたてやま
1307m

歩行時間＝3時間5分
歩行距離＝6・5km

技術度
体力度

コース定数＝17	
標高差＝430m	
累積標高差	↗940m ↘940m

コツブリ山山頂から白山を見る

取立山山頂から経ヶ岳を遠望する

取立山は山麓の谷《たに》集落の地籍で、「東山《ひがしやま》」とよばれ、原高山《はらたかやま》が最高点だった。江戸時代に加賀《かが》藩から越境し、このあたりで焼き畑を営む人が増え、勝山《かつやま》藩が山年貢を厳しく取り立てていたため、この名でよばれるようになったという。春には取立平の谷あいにミズバショウが花咲き、開花が新聞に報道されると登山客が急増、広い駐車場があふれ、路上駐車となる人気の山である。

林道終点が**登山口**で、駐車場から左手の大滝コースへ向かう。整備された山道には季節の花が多い。やがて滝音がして**取立大滝**が緑の中に浮かぶ。滝の淵まで下りるとしぶきが心地よい。ここから滝の横の岩場を登って急坂を越え

■鉄道・バス
往路・復路＝えちぜん鉄道勝山駅下車、タクシーで取立山林道駐車場へ。下山時のタクシー予約を忘れないように。

■マイカー
北陸自動車道福井北JCTから中部縦貫道勝山IC、国道416号、157号で石川県へ向かう。東山いこいの村の道標で右折し、キャンプ場を通過し、林道終点の駐車場（有料）へ。40～50台以上駐車可能。

■登山適期
5～11月。冬期も冬山入門コースとして関西圏からの登山者が多い。

■アドバイス
▽以前はメインルートであった護摩堂山からの登山路は廃道となっているが、冬期には格好の周遊路となり、登山、山スキーに訪ずれる人が多い。
▽関西学院が遭難した大長山へも尾根続きで登れ、春山シーズンには挑戦する登山者も多い。
▽日帰り入浴は勝山温泉センター水芭蕉☎0779・87・1507がおすすめ。
▽恐竜博物館☎0779・88・0001は日本最大の恐竜博物館で、機会があれば訪ねてほしい。

■問合せ先
勝山市役所☎0779・88・1111、勝山タクシー☎0779・88・0019

れば尾根に出てコツブリ山が見える。右手には取立山の山頂尾根が長くのびている。

登り着いた**コツブリ山**山頂は360度の展望で、雄大な白山《はくさん》連峰が眼前に広がり、北側に護摩堂山《ごまどうやま》が近い。ここから南側を少し下ると左側の谷あいがミズバショウの群生地だ。

少し上がると取立平の避難小屋に着く。取立平をたどり、急坂を登れば広い**取立山**山頂だ。こちらも360度の展望に恵まれ、白山と奥越《おくえつ》の山々が望まれる。

帰路はそのまま長い山頂尾根をゆっくり下り、急な下りをすぎれば林道に出る。途中、季節には夕ムシバが美しい。林道のつづら折りを経て、杉林の横から下れば**登山口**の駐車場に帰り着く。

（森田信人）

■2万5000分ノ1地形図
北谷

取立山で見られる花

カタバミ

エンレイソウ

タムシバ

ヤマザクラ

ショウジョウバカマ

CHECK POINT

取立林道終点の駐車場

落差30メートルの取立大滝

コツブリ登山路から取立山

ミズバショウが咲く取立平

取立平の避難小屋

取立山からは白山が美しい

16

花のきれいな白山展望台。高層湿原の赤池も人気

大長山・赤兎山

おおちょうやま　1671m
あかうさぎやま　1629m

日帰り

Ⓐ大長山　歩行時間＝4時間20分　歩行距離＝9・0km
技術度　体力度

Ⓑ赤兎山　歩行時間＝3時間30分　歩行距離＝5・9km
技術度　体力度

コース定数＝Ⓐ18Ⓑ14
標高差＝Ⓐ541mⒷ498m
累積標高差　Ⓐ ↗745m ↘745m　Ⓑ ↗599m ↘599m

勝山市郊外から見た大長山

赤池高層湿原では池塘周囲に数多くの高山植物が見られる

三《さん》ノ峰《みね》から西にのびる加越《かえつ》国境上に位置し、白山《はくさん》国立公園内の二山だ。いずれも花と眺望で人気を集めている。中世白山信仰の時代、越前《えちぜん》禅定道の難所のひとつだった小原《おはら》峠をはさんで南北に位置し、白山の好展望台として知られている。逆に白山登山道からもよく見える山でもある。

　ともに勝山《かつやま》市北谷《きただに》町小原集落が登山口となる。国道157号が大きくカーブしながら滝波《たきなみ》川を渡る地点に小原口バス停がある。ここから川に沿って上っていくと、谷あいの小原集落の出口に林道ゲートがあり、ここで所定の料金を支払って小原林道へ入る。林道の終点が和佐盛平とよばれる平坦地で、上下2箇所に駐車場があり、簡易トイレも設置されている。すぐ近くに**登山口**があり、きれいな水も補給できる。

　よく整備された登山道を東に向かう。浅い徒渉を繰り返して進めば、新緑の季節にはブナの原生林の緑がまばゆい。1・7キロの登りでひと汗かいて、標高約1400メートルの**小原峠**に着くと、りっぱな道標がある。そのまま東へ下れば、すぐ下に石仏の祠があり、さらに石川県三《み》ツ谷《たに》集落を経て市ノ瀬に向かう越前禅定道だが、道路の一部はかなり荒廃している。ここから北に大長山、南に赤兎山への登路が分かれる。それぞれのコースを紹介しよう。

Ⓐ大長山　2004年2月の関西学院大ワンゲル部の遭難で有名になったが、冬期には取立山《とりたてやま》から尾根通しに登ることができる。

　小原峠から南へ少し下るとすぐに大長山への県境尾根である。途

■**鉄道・バス**
往路・復路＝えちぜん鉄道勝山永平寺線勝山駅下車、和佐盛平まではタクシーを利用する。

■**マイカー**
北陸自動車道福井北ICから嶺北縦貫道路に入り、勝山ICで降り、勝山市内へ。国道157号を石川方面へ向かい、小原大橋滝波川右岸の小原口から小原林道を和佐盛平駐車場へ。小原林道は入山料が必要。よく整備されているが注意して走行しよう。和佐盛平の駐車場は仮設トイレがあり、50台駐車できる。

■**登山適期**
小原林道が開通する5月から11月初旬までが登山適期。冬期閉鎖中は小原集落から林道を歩くことになり、入山困難。赤兎平避難小屋は年中解放されているが、積雪が多いので入口まで雪を掘る必要がある。鳩ヶ湯

中、苅安山《かりやすやま》からはアップダウンを繰り返し、奥大長谷《おくおおちょうだに》の頭《かしら》を経て、最後はやや急な岩場を越えると山頂の一角である。細長い山頂の北端に2等三角点（点名＝大長山）と**大長山**の標識が立っている。付近は湿原で、季節にはニッコウキスゲやハクサンフウロなどの高山植物が咲き乱れ、白山から日本海までが見わたせる眺望が楽しめる。

帰りは往路を戻る。

Ⓑ赤兎山　小原峠から南に向かうとすぐに急な登りとなる。標高差約150メートルを登れば大舟山《おおふなやま》分岐に着く。ここから西へ尾根をたどれば大舟山を経て経ヶ岳《きょうがたけ》へ行くことができる。赤兎山へはそのまま進み、再度標高差230メートルの急坂を登れば3等三角点（点名＝赤鬼山）のある**赤兎山**山頂だ。白山をはじめ、加越国境、越美《えつみ》国境の稜線まで見わたせる。

山頂から東に下ると**赤兎平**で、赤池《あかいけ》高層湿原がある。池塘の周囲にワタスゲ、モウセンゴケ、イワイチョウなどが見られるが、木道からはずれないようにしよう。平のやや小高いところには赤い屋根の避難小屋があり、周囲はニッコウキスゲやササユリの群生地となっていて、メルヘンチックな雰囲気が漂っている。

小屋の周囲でゆっくり休んで帰路は**赤兎山**山頂まで登り返し、往路を戻る。

2山を一度に登る登山者も少なくない。この場合は13キロのアップダウンの多いロングコースとなる。（森田信人）

赤兎平のキスゲ群落

CHECK POINT—Ⓐ大長山

1 和佐盛平の登山口

2 長い歴史を刻む小原峠

3 苅安山山頂は展望がない

4 大長山の2等三角点

CHECK POINT—Ⓑ赤兎山

1 右・経ヶ岳の大舟山分岐

2 赤兎山山頂から白山を望む

3 赤兎平へ下る

4 赤兎平避難小屋

からタンドウ谷コースは残雪期に小原林道が開通しない時期に登る人が多いが、谷の徒渉に要注意。残雪期に取立山から尾根伝いに大長山へ登る人も多い。この場合、アイゼンなどの冬山装備とかなりのロングコースなので、早朝発、天候と体力勝負となる。

■**アドバイス**

▽赤兎山山頂から南に下れば打波川の右岸、鳩ヶ湯温泉に出るタンドウ谷コースだが、下部のトラバース道が一部崩壊し、タンドウ谷の徒渉もあるバリエーションルートで、歩く人は少ない。

▽避難小屋からさらに東進すれば杉峠から六本檜を経て三ノ峰へ達することができる。杉峠からは白山市三ツ谷集落へ、六本檜からは大野市上小池、鳩ヶ湯へ下りることができる。

▽小原集落に小さな道の駅「星の駅」がある。水洗トイレが利用できる。

▽入浴は国道157号を勝山市街へ向かい、雁ヶ原スキー場をすぎて左側の看板を左折したところにある勝山温泉センター水芭蕉☎0779・87・1507がおすすめ。

■**問合せ先**

勝山市役所☎0779・88・1111、勝山市観光協会☎0779・88・0033

■**2万5000分ノ1地形図**

願教寺山・加賀市ノ瀬

大長山と赤兎山で見られる花

タニウツギ

アカモノ

ササユリ

ハクサンシャクナゲ

大長山山頂から白山を見る

17

福井県最高地点のある山

三ノ峰・刈込池

さんのみね　2128m
かりこみいけ

日帰り

Ⓐ三ノ峰　歩行時間＝7時間25分　歩行距離＝10・5km　技術度　体力度
Ⓑ刈込池　歩行時間＝2時間5分　歩行距離＝4・0km　技術度　体力度

コース定数＝Ⓐ30 Ⓑ9

標高差＝Ⓐ1198m Ⓑ177m

累積標高差 Ⓐ↗1320m ↘1320m　Ⓑ↗375m ↘375m

三ノ峰を目指して長い尾根道を行く

Ⓐ三ノ峰　白山《はくさん》連峰の別山《べっさん》に続く山で、山頂は石川県である。山麓の小池《こいけ》方面から見上げると、途中の剣ヶ岩《けんがいわ》が目立つことから、昔は「剣ヶ岩山」とよんでいたらしい。白山美濃《みの》禅定道として石徹白《いとしろ》からの登拝路になり、下から順に三ノ峰とよばれるようになったという。716年、泰澄大師が打波《うちなみ》川からこの山へ登り、別山・白山御前峰に向かったという伝説がある。この時下《しも》打波に泊まり、朴《ほお》の木《き》で伊弉諾・伊弉冉の二神を彫り、同地の白山神社となり、社前の大カツラの木を植えたという。

現在の登山道は1958年の福井国体の際につくられた六本檜《ろっぽんひのき》経由の尾根道だが、以前は二ノ峰《にのみね》との間のクロンボ平をたどる美しい歩道があった。

登山の開始点となる**上小池《かみこいけ》駐車場**にはトイレと水場があり、充分に準備をして出発しよう。大クリの木の横を通って下り、下小池からくる林道へ出る。対面に刈込池への吊橋がある。林道を打波川に沿って上流へ進むと、左手に**三ノ峰登山口**がある。

山腰屋敷《やまこしやしき》跡をすぎるとしだいに登りが急になり、稜線に出たところが**六本檜**で、山頂が見える。ここから長い尾根歩きがはじまる。すぐに樹林がなくなり、真夏には辛い登りだが、周囲の景観、路傍の高山植物に励まされる。途中の**剣ヶ岩**付近は強風時には要注意だが、休息にもってこいの場所だ。

尾根を登りつめると左に折れ、山腹を横切っていけば**三ノ峰避難小屋**に着く。この小屋も国体時に建てられたもので、よく手入れされていて、宿泊者も多い。ただし、水場は少し下ることになる。ここから山頂は指呼の間で、ササの歩道を登れば**三ノ峰**山頂だ。

なお、小屋のうしろが標高2095㍍の福井県最高地点で、誰ともなく「越前三ノ峰」とよぶようになっていて、7月にはニッコウキスゲの群落の中を登ってたどり着く。展望は360度、別山のバットレスが目前で、眼下に刈込池が小さく、御嶽山《おんたけさん》や北アルプスもよく見える。

下山は急斜面の下りに注意して往路を戻る。

Ⓑ刈込池　**三ノ峰登山口**の前を通りすぎてさらに林道を登ると、右手に刈込池登山口の標識と、打波川上流を渡る**吊橋**がある。ここから登山道となり、ジグザグの急な登りを少し登れば台地の上に出る。ブナ林の気持ちのよい歩道を行けば**刈込池**だ。特に流れこむ川

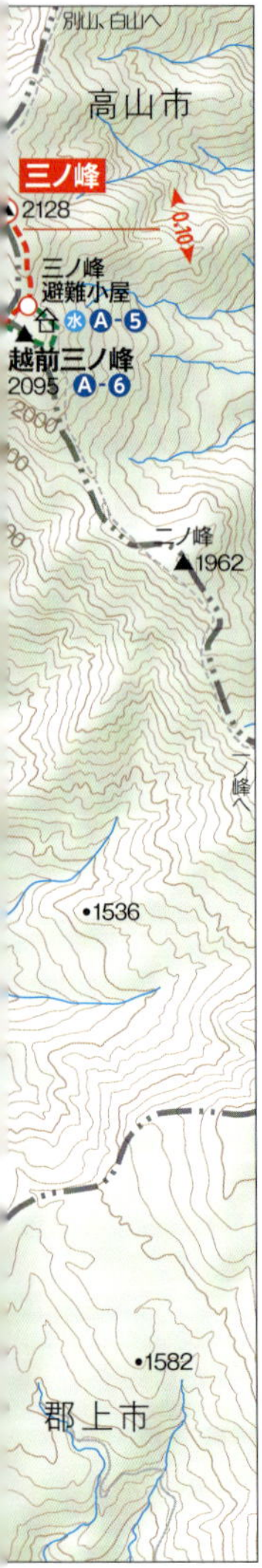

ニッコウキスゲ咲く越前三ノ峰から白山別山を見る

刈込池に三ノ峰が映る

はないが、いつも静かに水をたたえ、紅葉の時期には池を囲む紅黄葉と湖面に映る三ノ峰の姿が人気で、駐車場から下が路上駐車であふれる。

帰路は西に向かい、コースの最高地点１０９０メートルをすぎると階段がはじまる。全部で６８６段あるという急な階段なので注意して下ろう。最後に打波川にかかるりっぱな吊橋を渡り、林道を横断し**上小池駐車場**へ戻る。（森田信人）

CHECK POINT—Ⓐ三ノ峰

実が熊の大好物のクリの大木

刈込池分岐を左に林道を行く

三ノ峰登山口は林道の左手にある

展望に恵まれた六本檜の分岐

三ノ峰避難小屋。背後は越前三ノ峰

福井県最高地点の越前三ノ峰

CHECK POINT—Ⓑ刈込池

刈込池入口の吊橋を渡る

最後の石段を上がると台地の上だ

■鉄道・バス
往路・復路＝JR九頭竜線越前大野駅からタクシーで上小池駐車場へ。
■マイカー

中部縦貫道大野ICから国道157号、158号で白鳥方面へ向かい、勝原で左折、県道173号を上小池駐車場まで。上小池駐車場は30台程度、下小池にも駐車場があり、路上駐車もできる。

■登山適期

5〜10月。県道の開通時期は要問合せ。

■アドバイス

▽六本檜から尾根道が杉峠、赤兎山へつながっていて、白山登山基地の市ノ瀬へも下ることができる。

▽上小池の下流に泰澄大師開湯の由来をもつ鳩ヶ湯温泉がある。一時閉鎖されていたが、再建されてりっぱな温泉旅館となった。日帰り入浴可。手打ちそばも食べられる。冬期は営業していない。

▽下打波には泰澄大師ゆかりの白山神社とカツラの大木がある。

下打波白山神社のカツラの大木

■問合せ先

大野市役所☎0779・66・1111、大野市観光協会☎0779・65・5521

■2万5000分ノ1地形図

願教寺山

18

県境の山を除く、福井県の最高峰

経ヶ岳

きょうがたけ
1625m

日帰り

Ⓐ保月山コース　歩行時間＝8時間5分　歩行距離＝10.8km　技術度　体力度
Ⓑ唐谷コース　歩行時間＝5時間40分　歩行距離＝8.0km　技術度　体力度
Ⓒ法恩寺山・伏拝コース　歩行時間＝6時間25分　歩行距離＝12.5km　技術度　体力度

コース定数＝Ⓐ33Ⓑ23Ⓒ28

標高差＝Ⓐ1033mⒷ875mⒸ640m

累積標高差
Ⓐ↗1437m↘1760m
Ⓑ↗992m↘992m
Ⓒ↗1175m↘1175m

法恩寺山から北岳（左）と経ヶ岳を見る

福井県内の最高峰を誇る経ヶ岳は約100万年前に大噴火した火山の火口壁のピークだ。戦国時代末期の一向一揆で平泉寺《へいせんじ》が焼き討ちされた際に、燃えた経典の灰を埋めたという言い伝えが残っていて、それが山名の由来のひとつになっている。旧火口は「唐谷《からたに》」とよばれる谷の上流で、「池《いけ》の大沢《おおさわ》」とよばれる湿原もあるが、唐谷経由の登山道は荒廃している。

一般的に登られているのは経ヶ岳から流れ出た溶岩台地の六呂師《ろくろし》高原から保月山《ほづきやま》、杓子《しゃくし》ヶ岳《だけ》、中岳《なかだけ》と尾根筋を縦走し、「切窓《きりまど》」とよばれる鞍部から山頂を目指すルートだ。ほかに法恩寺山《ほうおんじさん》から伏拝《ふしおがみ》を経て続く尾根を行くルートがあるが、ササやぶを分けていくもので、歩く人は少ない。

Ⓐ保月山コース

県立奥越《おくえつ》高原青少年自然の家の駐車場もしくは六呂師高原スキー場駐車場が登山の起点となる。スキー場からはスキー場の頂上にある三角山へ向かう登山道を行く。**青少年自然の家**からは車両通行止めの舗装道を少し登ると左側に**登山口**の標識があり、ここから尾根まで急な登りとなる。どちらを行っても三角山《さんかくやま》のうしろで**合流**し、緩い尾根道を登って**法恩寺山林道**に交差する。展望がよく、ここまで車道を利用することもできる。

林道を横切り保月山を目指す。途中に「アダムとイブの木」と名づけられた、ブナとナラの木がくっついた木がある。登り続けてい

■鉄道・バス
往路・復路＝ⒶJR九頭竜線大野駅下車。六呂師高原スキー場、もしくは青少年自然の家まではタクシーを利用する。Ⓑ六呂師高原から広域林道に入るが、一般にはマイカー登山がほとんど。Ⓒ次項参照。

■マイカー
ⒶⒷ中部縦貫道大野ICから、国道158号、県道26号で六呂師高原を目指す。六呂師集落から表示に従い青少年自然の家、またはスキー場の駐車場を目指す。どちらも5〜60台駐車可。唐谷コース登山口へは六呂師高原から広域林道に入る。Ⓒ次項参照。

■登山適期
5〜10月が適期。夏期は暑さ対策を充分に。冬期は相応の装備と経験者の同行が必要。

■アドバイス
▽広域基幹林道法恩寺を利用すれば、保月山登山口、法恩寺山避難小屋まで登れ、時間短縮ができる。林道は冬季閉鎖されるので問い合せが必要。
▽日帰り入浴には大野IC近くのあっ宝んど☎0779・66・7900やトロン温浴施設うらら館☎0779・67・7007がある。
▽六呂師高原には白山ワイナリー☎0779・67・7111があり、ヤマブドウ酒が人気。

←中岳から望む経ヶ岳山頂への道

←池の大沢の草原から火口壁を見上げる

くと**保月山**だ。3等三角点（点名=笹谷）や標識、案内板が立っているが、展望はあまりよくない。

すぐに下りとなり、視界が開け、前方の杓子ヶ岳、中岳が望める。杓子ヶ岳までは火口壁の岩稜を伝い、木のハシゴを登るなど、それなりの厳しさもあるが、よく整備されていて注意して歩けば問題はない。いくつかのピークを越え、広い**杓子ヶ岳**山頂に着くと、中岳まで続くササの登山道の上に経ヶ岳がきれいなピラミッドを見せる。

しばらくは穏やかで花が多い高原上の道を行くと、やがて**中岳**だ。

行く手右側は深くえぐれた火口壁で、火口原の池の大沢は木々が美しい。途中ロープのある急坂をいっきに下ると**切窓**で、南から唐谷コースが合流する。

いよいよ最後の急坂、230メートルの高度差を登ると台形の山頂の**経ヶ岳**南峰に到着する。360度開けた山頂からは白山《はくさん》も近く、天候に恵まれれば県内はもとより遠く北アルプスまでも眺められる。2等三角点は北峰にあり、ササをかき分けて法恩寺山方面へ80メートルほど進むとササやぶの中に三角点（点名=経ヶ岳）がある。

帰路は往路を戻る。途中の急な下降には注意が必要だ。

Ⓑ唐谷コース

かつては経ヶ岳へのメインルートだったが、広域基幹林道法恩寺線から分かれる唐谷林道が荒廃し、車道が一部使えなくなったこと、保月ルートが整備されたことにより、近年は訪れる人が激減した。しかしバラエティに富んだ谷筋のルートの魅力は捨てがたく、次善のコースとして紹介しておこう。

六呂師集落の直前で右折して基幹林道法恩寺線へ入り、法恩寺山方面へ向かう。唐谷橋をすぎて少し上部、右手に荒れた林道の入口がある。特に表示はないので行きすぎないように注意しよう。充分な駐車スペースはないが、林道の入口付近の路肩に駐車できる。

駐車地点の**登山口**からは、一部舗装されているが、かなり荒廃していて、一部で崩壊箇所もある林道を唐谷に沿って登る。約30分で左手に白い林道火災注意標識があり、前方に大きな砂防堰堤が見える駐車スペースへ達する。リボンの標識もあって、ここが旧登山口である。

登山道入口から唐谷川の右岸につけられた険しい登山道となる。周囲は経ヶ岳の火口壁に三方を囲まれている。しばらく行くと左手の岩壁に等身大の摩崖仏と小さな墓標がある。さらに進むと唐谷川の徒渉点だ。注意して渡ろう。

左岸に渡ってさらに登り、何度か沢を渡って涸れ沢をたどれば、唐沢上部の最後の火口壁の急登が待っている。ところどころにロープが設置されているが、木の根や岩角のホールドを探しながらあえぎ登ること40分で池の大沢の火口原へ到達する。ブナの茂った穏やかな小道をたどれば**池の大沢**の草原へ出る。ここから仰ぎ見る経ヶ岳はササに覆われて穏やかな表情を見せる。

小憩後、緩やかに登っていけば**切窓**に出て、保月山からの縦走路に合流する。

Ⓒ法恩寺山・伏拝コース

距離が長いので、中ノ平避難小

■問合せ先
大野市役所☎0779・66・1111、勝山市役所☎0779・88・1111、福井県奥越土木事務所（道路情報）☎0779・66・1221、大野タクシー☎0779・66・2225

■2万5000分ノ1地形図
越前勝山・願教寺山

屋を起点に歩いてみよう。法恩寺山までは次項を参照のこと。法恩寺山を越えて白山の方角、北へ向かって鞍部まで下り、同じぐらい登ると**伏拝**に着く。白山、別山、赤兎山などが近くに見え、経ヶ岳へ向かう尾根が見通せる。

ブナの木が混じる中をしばらく下ったのち、3~4の小ピークを越えてブナの大木が多い急坂を登るとやせ尾根になる。積雪時は雪の張り出しや、悪天時には方向に注意。小ピークをすぎ、少し登ると赤兎山《あかうさぎやま》への分岐である**北岳**だ。

この先2~3つのアップダウンののち、吊尾根になる。残雪期は左右に切れ、ブリッジになっているので要注意。クマザサの急登を越えるとようやく頂上台地に着く。2等三角点のある経ヶ岳北峰を経て、ササヤブの中を進めばすぐに**経ヶ岳**（南峰）頂上だ。ササヤブが続き、訪れる人は少ないが、登りやすい道である。

帰路は往路を戻るか、車の用意があれば、保月山の林道登山口へ下りてもよい。

（森田信人）

経ヶ岳で見られる花

タニウツギ

タムシバ

ツバメオモト

サンカヨウ

CHECK POINT—Ⓐ保月山コース

1

経ヶ岳登山口から急登する

2

法恩寺林道保月山登山口

3

珍しいアダムとイブの木

4

保月山山頂は展望不良

5

杓子ヶ岳へのハシゴを登る

6

経ヶ岳山頂(南峰)

CHECK POINT—Ⓑ唐谷コース

1

唐谷林道入口は荒れている

2

唐谷の摩崖仏が寂しげだ

3

徒渉地点は特に慎重に

4

急坂にはロープもある

CHECK POINT—Ⓒ法恩寺山・伏拝コース

1

伏拝コースのやせ尾根

2

北岳から経ヶ岳への吊尾根

3

吊尾根を経ヶ岳に向かう

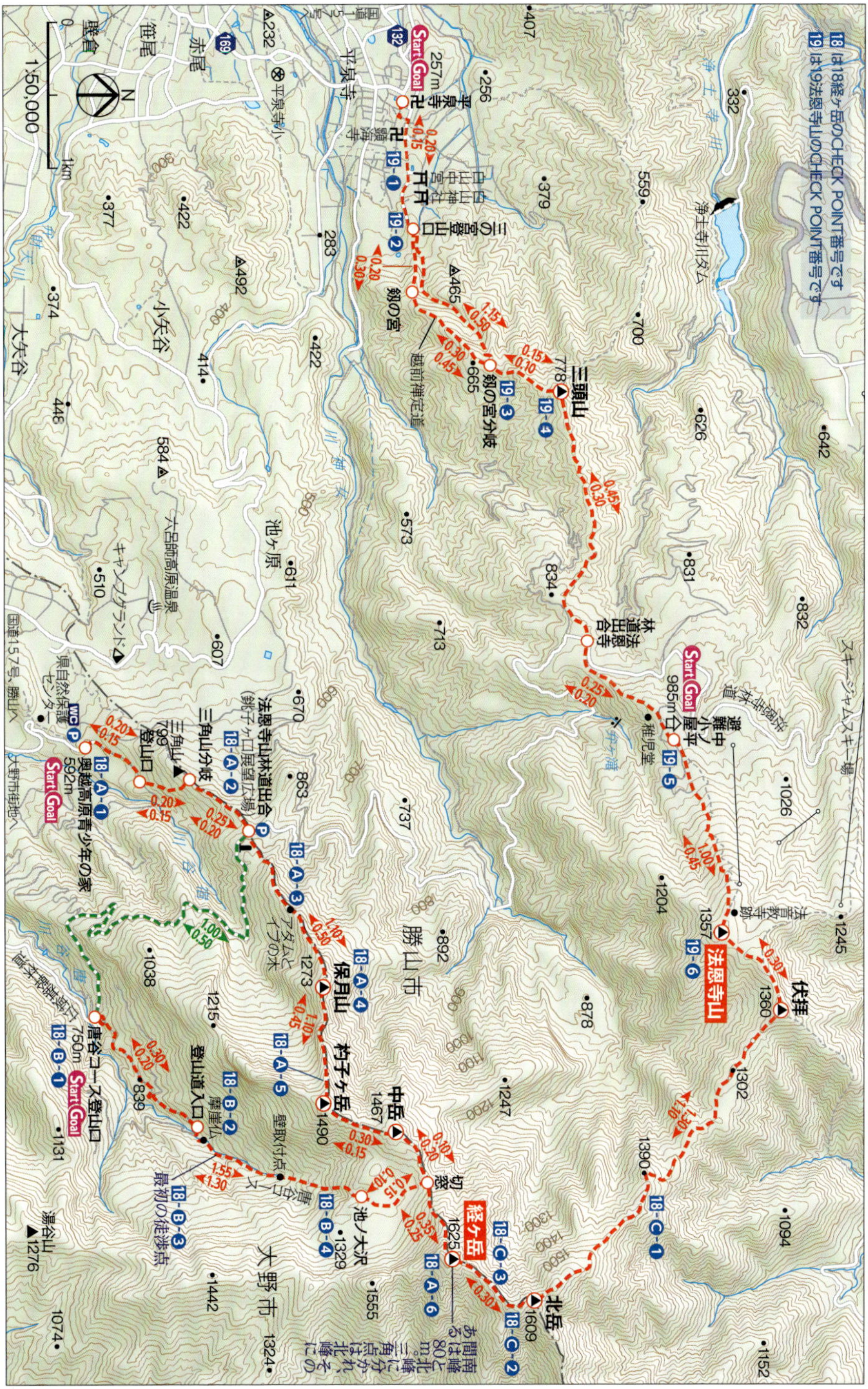
18は18経ヶ岳のCHECK POINT番号です
19は19法恩寺山のCHECK POINT番号です
法恩寺山
経ヶ岳
三頭山
伏拝
北岳
中岳
杓子ヶ岳
保月山
切窓
池ノ大沢
平泉寺
勝山市
大野市
小矢谷
大矢谷
池ヶ原
浄土寺川ダム
1:50,000
奥越高原青少年の家
法恩寺山林道出合
三角山分岐
唐谷コース登山口
登山道入口
最初の徒渉点
南峰と北峰に分かれ、三角点は北峰に
剣の宮
三の宮登山口
剣の宮分岐
林道出合
避難小屋
県自然保護センター
中ノ平

19 法恩寺山《ほうおんじさん》

越前禅定道の最初の宿坊の山

1357m

日帰り

歩行時間＝6時間50分
歩行距離＝15・0km

技術度

体力度

コース定数＝18

標高差＝1080m

累積標高差 160m 160m

勝山市郊外から法恩寺山(左)と経ヶ岳(右)の山並みを望む

法恩寺山はかつての越前《えちぜん》馬場《ばば》(禅定道)の最初のピークであり、山名は山頂近くにあった「法音教《ほうおんきょう》寺《じ》」とよばれた宿坊に由来するという。山の西側は温泉付きのスキーリゾート「スキージャム勝山《かつやま》」として開発され、夏にはパラグライダーが青空に浮かぶ観光地となっている。山頂にいたるにはスキー場からや法恩寺山林道から手軽に登ることができるが、ここでは西山麓の平泉《へいせん》寺《じ》白山《はくさん》神社から白山信仰の禅定道をたどろう。

西暦728年、「越の大徳」とよばれた泰澄大師が白山へ向かったとされる越前禅定道は、平泉寺白山神社から法恩寺山～伏拝《ふしおがみ》～和佐盛平《わさもりだいら》～小原《おはら》峠～市《いち》ノ瀬《せ》～六万山《ろくまんやま》～慶松平《けいまつだいら》～殿《との》ヶ池《いけ》～弥陀《みだ》ヶ原《はら》～越前室《えちぜんむろ》(現室堂《むろどう》)といわれているが、現在、伏拝から和佐盛平へ下る道はない。

平泉寺山門まではえちぜん鉄道勝山駅からバスまたはタクシーを利用する。かつて中世には「僧房六千坊」とよばれ、栄華を誇った**平泉寺白山神社の山門**をくぐり、広い境内を本社、三の宮へと長い石段を登る。境内の杉の巨木と苔の緑のじゅうたんはみごとの一語につきる。

三の宮のうしろが**登山口**で、右は急な尾根を剣の宮を経て登る道と、左側を少し下って谷沿いを登る道に分かれる。どちらを行っても大差はないが、谷道の方が斜度は緩やかだ。

尾根筋で両道が**合流**し、さらに進むと三頭山《みつがしらやま》分岐に出る。左、大《だい》

■鉄道・バス
往路・復路＝えちぜん鉄道勝山永平寺線勝山駅下車、大福交通バスで平泉寺下車15分、便数は多くないので要確認。

■マイカー
中部縦貫道勝山ICから県道260号へ右折、新保交差点を右折して国道261号へ。途中で国道157号に移り、猪野交差点で左折して平泉寺入口へ。駐車場が右側に2箇所ある。トイレもあって100台近く駐車できる。ここから徒歩500㍍で平泉寺白山神社門前。

■登山適期
4～11月。冬期は積雪が安定した2～3月に登るとよい。

■アドバイス
▽法恩寺山林道を使えば避難小屋付近まで車で上がれる。周囲にはあずまやもあって家族団らんに好適。林道の開通は5月中旬以降10月まで。要問合せ。

剣の宮のミスミソウ

ホトトギスとミスミソウ

師山《しやま》方面へ20㍍ほど登れば3等三角点（点名＝奥山）のある**三頭山**山頂だ。スキー場方面が開けており、パラグライダーが浮かぶ様子がよく見える。ここでひと息入れよう。

　分岐へ戻って、なだらかな長い尾根筋を歩く。やがて**法恩寺林道**を横切り、稚児堂の祠をすぎてもう一度林道を横切ると、**中ノ平の避難小屋**へ到着する。20名は優に収容できる2階建てのりっぱな小屋で、勝山市が管理している。付近にはあずまや、小屋の前にはベンチもあり、ここまで林道を車で乗り入れることもできる。

　小屋の横から杉林の中の登山道をいくと、やがて階段となり、しだいに急な登りとなる。ひと汗かくころに左手にスキー場のススキが見えてくる。このあたりから少し荒れた登山道となるが、やがて斜度が落ちて小さな祠とベンチがある平らな草地の法音教寺跡へ出る。さらに進めば**法恩寺山**山頂で、3等三角点（点名＝法恩寺山）とりっぱな標識、展望台があり、360度の眺望が楽しめる。天候に恵まれれば伏拝の向こうに白山の雄大な姿が浮かび、泰澄大師のお気持ちに近づけるかもしれない。

　帰りは往路を戻り、**剣の宮**経由で下れば早い。時間があれば平泉寺白山神社をゆっくり参拝するのもよい。

（森田信人）

→苔の美しさで知られる平泉寺白山神社

↑報恩寺山頂から白山を見る

▽勝山温泉センター水芭蕉☎0779・87・1507で日帰り入浴ができる。

▽平泉寺白山神社はかつて僧房六千といわれ、比叡山と並ぶ僧兵の寺であった。国史跡で、近年発掘が続けられている。苔の境内も有名。

■問合せ先

勝山市役所☎0779・88・1111

■2万5000分ノ1地形図

越前勝山

CHECK POINT

1 平泉寺白山神社門前の石段

2 登山口。左・沢、右・尾根へ

3 尾根コース出合で合流する

4 三頭山山頂にはベンチがある

5 中ノ平避難小屋で休憩しよう

6 標識が新しくなった法恩寺山頂

＊コース図は55㌻を参照。

20 大師山

だいしやま
550m

越前大仏から登る泰澄大師ゆかりの裏山

日帰り

歩行時間＝2時間15分
歩行距離＝4・5㎞

技術度
体力度

←越前大仏から大師山

←登山の起点となる佛母寺は元禄年間に建立された曹洞宗の寺院だ

コース定数	＝10
標高差	＝378m
累積標高差	↗ 474m
	↘ 474m

山名の由来は山腹に大師堂があり、中に泰澄大師作の木造が安置されていることによるとかで、すぐ近くに白山信仰の越前中宮《えちぜんちゅうぐう》として栄えた平泉寺《へいせんじ》白山《はくさん》神社がある。麓には1987年開山で、日本一の高さを誇る越前大仏として知られる、大師山清大寺《せいだいじ》の毘盧舎那仏があり、大師山を借景として日本一の高さを誇る五重塔もそびえている。勝山《かつやま》市の裏庭といった存在で、毎年市民登山が開催されている。以前はマ

■鉄道・バス
往路・復路＝えちぜん鉄道勝山駅下車、コミュニティバスに乗り換えて越前大仏前下車。片瀬集落、佛母寺まで約400メートル。

■マイカー
北陸自動車道福井北ICから中部縦貫道勝山IC、国道416号、157号経由で片瀬交差点を左折、越前大仏を目指す。大仏の東側裏手に佛母寺がある。駐車スペースは2箇所で収容7～8台。

■登山適期
1～12月。冬期はそれなりの装備が必要。

■アドバイス
▽越前大仏（大師山清大寺）は勝山市出身の実業家が380億円を投じて建てたもの。高さ17メートルの巨大な毘盧舎那仏座像と大仏殿、五重塔などが並ぶ。昭和62年5月に開眼供養が行われた。
▽日帰り入浴は勝山温泉センター水芭蕉☎0779・87・1507がおすすめ。
▽恐竜博物館☎0779・88・0001は日本最大の恐竜博物館として人気。
▽平泉寺白山神社は泰澄大師が建立した白山信仰の拠点で、境内の苔が巨大な杉と相まって美しいことで知られている。

■問合せ先

ツタケがとれていたこともあり、昔も今も、市民に親しまれている山である。

勝山市片瀬《かたせ》集落にある佛母寺《ぶつもじ》の北側、ちょうど越前大仏の裏側に数台停められる駐車場があり、このイノシシ除けのゲートが**登山口**だ。寺の右側にも同様のゲートの登山口があるが、ここでは北側のゲートから北に進むと、すぐに登山道となる。よく整備された道を登ると、やがて長山との分岐の**前坂**を右折して**大師堂**に着く。泰澄大師が祀られたお堂で、堂内の仏像は何度か盗難にあっているという。

ひと息入れて山頂に向かおう。登り着いた**大師山**山頂は開けていて、2等三角点（点名＝片瀬）の横に小さな六角の石灯篭があり、方位盤も設置されている。西に勝山市街、南側に大《おお》野《の》盆地が展望できる。

山頂から南東に向かうとすぐにT字路に出る。左側はすぐ林道にぶつかり、右に進めば三頭《みつがしら》山《やま》につながるが、反対の右側へ下る。すぐ次の林道に出合うが、まっすぐ横切って進むと、さらに二度林道を横切って下る。最後の林道出合では10㍍ほど左へ下り、再び右登山道を下ると二股の分岐に出る。ここを右に下ればすぐに佛母寺南側のイノシシ防護柵のゲートへ戻る。直進すれば片瀬集落のゲートで、柵の外側をたどればすぐに佛母寺の**登山口**に戻り着くことができる。

（森田信人）

勝山市役所☎0779・88・1111、勝山市観光協会☎0779・88・0033

■2万5000分ノ1地形図

越前勝山

CHECK POINT

1 佛母寺奥の駐車場と登山口

2 前坂、かくま谷分岐を右に

3 山名の由来となった大師堂

4 大師山山頂は広くて展望よし

5 最後の分岐、右佛母寺、左片瀬

6 佛母寺裏の登山口へ戻る

21

送電線巡視路の展望台の山を目指す

保田経ヶ岳

ほたきょうがたけ
765m

日帰り

歩行時間＝2時間30分
歩行距離＝9・2㎞

技術度
体力度

コース定数＝15
標高差＝665m
累積標高差 703m 703m

福井県内には経ヶ岳が三山ある。紹介する経ヶ岳は、勝山《かつやま》市保《ほ》田《た》地区に登山口があることから、「保田の経ヶ岳」とよばれている。いずれの経ヶ岳にも「お経を埋めた」という伝説があり、山名の由来となっている。紹介する保田経ヶ岳は、九頭竜《くずりゅう》川の対岸から眺めるときれいなピラミッド形をしていて、山頂は勝山市と永平寺《えいへいじ》町の境界にある。山頂付近に立つ送電鉄塔が目印で、送電線巡視路が登山道となっている。

えちぜん鉄道勝山永平寺線**保田駅**からスタートする。駅から南に向かう道路をたどり、集落を抜け、中部縦貫道のガードをくぐってさらに南へ進む。やがて林道となり、さらに登っていくと**登山口**に着く。ここまではマイカーでも登ることができる。

ここからは整備された送電線巡視路をたどる。谷沿いにつけられた急坂はよく整備されていて、階段が多い。頭上には送電線が走っている。尾根上に出ると視界が開け、ひとつ目の**鉄塔**（標高400㍍）に達する。見晴らしがよく、北側に加越《かえつ》山地の山々、特に大日岳《だいにちだけ》の越前甲《えちぜんかぶと》が印象的だ。

山頂方向に向かう電線の先に、赤白に塗られた高い鉄塔がたちはだかっている。ここを目指してさらに尾根筋の急登が続くが、展望がきくので景色を楽しみながらゆっくり登ろう。

たどり着いた**紅白鉄塔**の周囲は絶好の展望台だ。眼下に広がる九頭竜川と勝山盆地、その向こうには加越《かえつ》国境の山々が連なり、さらに天候しだいだが、白山《はくさん》連峰もすばらしい。

ここから西方向の山頂に向かって登山路を登ると、標識から右手のやぶの中に**保田経ヶ岳**の山頂の小さな祠と2等三角点（点名＝京ヶ岳）がある。

■**鉄道・バス**
往路・復路＝えちぜん鉄道勝山永平寺線保田駅から登山がはじまる。

■**マイカー**
北陸自動車道福井JCTから中部縦貫道勝山IC、県道260号へ右折。次の信号で左折して県道168号で保田町へ。

■**登山適期**
4〜11月が適期。

■**アドバイス**
▽保田の集落内に手づくりの時計台があるので立ち寄ってみよう。

保田の時計台

▽日帰り入浴は勝山温泉センター水芭蕉☎0779・87・1507がおすすめ。
▽機会があれば恐竜博物館☎0779・88・0001を訪れてほしい。日本最大の恐竜博物館として人気。

■**問合せ先**
勝山市役所☎0779・88・1111、勝山市観光協会☎0779・88・0033

■**2万5000分ノ1地形図**
山王

CHECK POINT

中部縦貫道下を通り林道を登る

谷沿いの送電線巡視路を登る

階段が多く、クサリ場も現れる

展望のよいはじめの鉄塔

紅白の鉄塔を目指す

保田経ヶ岳山頂の祠

↑勝山市荒土町付近からは保田経ヶ岳のピラミッドが美しい

←保田経ヶ岳稜線上から山麓を俯瞰する

山頂は展望がきかないので、**紅白鉄塔**まで戻り、ゆっくり休息してから往路を戻ろう。急坂の下降には要注意だ。（森田信人）

22

古刹・吉峰寺から永平寺まで、祖跡コースをたどる

大佛寺山

だいぶつじやま
807m

日帰り

歩行時間＝6時間45分
歩行距離＝17.0㎞

技術度
体力度

コース定数＝**30**

標高差＝752m

累積標高差 1251m 1147m

大佛寺山は九頭竜川《くずりゅう》の左岸、保《ほ》田《た》経《きょう》ヶ岳《たけ》と吉野《よしの》ヶ岳《たけ》の間に長く横たわる山塊で、鷲《わし》ヶ岳《だけ》と対峙している。山名は道元禅師が『正法眼蔵』を著したという永平寺《えいへいじ》裏の大佛寺に由来するといわれる。道元が最初に建てた吉峰寺《きっぽうじ》からこの山並みを越えて通ったという永平寺にいたる山路を「祖跡《そせき》コース」もしくは「正法眼蔵の道」とよんでいる。その古道を歩いてみよう。

越前竹原駅《えちぜんたけはら》から南側の谷あいにある吉峰寺を目指す。登山口は**吉峰寺**の裏にあり、登り口が少し崩れていてややわかりにくいが、すぐに明るい尾根歩きとなる。春にはチゴユリ、イワウチワ、ミツバツツジ、オオカメノキ、タムシバが咲き、珍しくコブシも咲く。ワラビ、ゼンマイ、コシアブラの山菜も顔を出している。ところどころに急坂があり、ロープや階段が整備されている。

祝山《いわいやま》をすぎると緩い登り下りとなり、林道が並走する。展望がよいブナの疎林が続く尾根歩きで、対岸の鷲ヶ岳、前方の大佛寺山、池尾山《いけのおやま》、奥《おく》越《えつ》の山々と白山《はくさん》連峰などが楽しめる。林道を横切って急登し、最高峰の**仙尾山**《せんのおやま》へ。再び林道を横切り、尾根道を進んで811㍍《メートル》ピークをすぎたら、少しコースをはずれて、血脈《けちみゃく》の池へ立ち寄ってみよう。

コースに戻り、たどり着いた**大佛寺山**山頂には2等三角点（点名＝勢競）がある。開けていて、360度の展望があり、眼下に永平寺ダムが見える。

この先、急な階段を下ると大佛寺跡の平坦地がある。しばらく両側がニリンソウの群落で覆われたすばらしい谷あいの急な下り道が続く。さらに谷筋を下っていくと谷川に突き当たる。**分岐**から左の山道を少し進んで**虎斑**《こはん》**の滝**へ立ち寄ろう。滝は三段に分かれて連続する、急で広い滑滝だ。左岸の斜面にザゼンソウの群落がある。

神秘的な血脈の池

豪快な水量の虎斑の滝

■鉄道・バス

往路＝えちぜん鉄道勝山永平寺線越前竹原駅が往路の出発点となる。

復路＝永平寺門前バス停からは福井駅かえちぜん鉄道永平寺口駅までバスの便がある。

■マイカー

北陸自動車道福井北ＪＣＴから中部縦貫道上志比IC、県道255号で竹原集落で右折、吉峰寺駐車場へ。20台程度は駐車できる。帰りは永平寺

曹洞宗の古刹・吉峰寺

永平寺白山神社

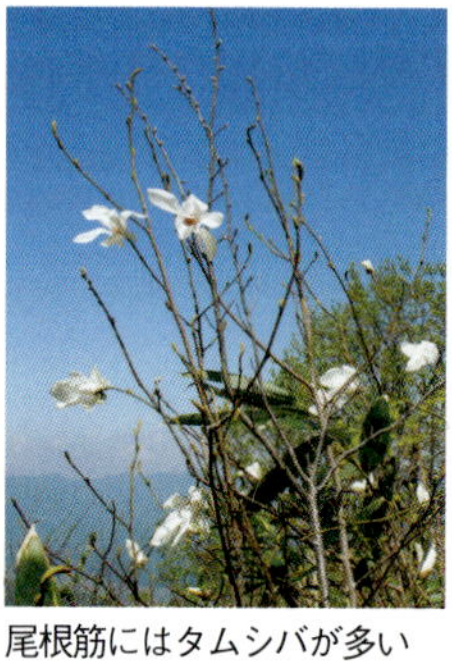

尾根筋にはタムシバが多い

虎斑の滝左岸に咲くザゼンソウ

鷲ヶ岳から望む大佛寺山は大きな山塊だ

CHECK POINT

1 吉峰寺登り口

2 祝山の2等三角点(点名=大谷)

3 最高地点の仙尾山山頂

4 鷲ヶ岳、越前甲の展望

5 大佛寺跡の石碑

6 永平寺ダムと大佛寺山

分岐へ戻り、沢を渡ると谷測に柵が整備された広い遊歩道となるが、近年の大雨によるとみられる流木や道路の崩壊が目立つ。**登山口**に下り着いて、永平寺ダム湖畔の道からダムの上を歩き、**永平寺門前バス停**まで車道を下る。

（森田信人）

門前バス停からバスでえちぜん鉄道永平寺口駅、ここから越前竹原駅まで乗車し、吉峰寺へ戻る。

■**登山適期** 4～11月。装備があれば冬期も可能だが、天候しだい。

■**アドバイス** ▽時間があれば、吉峰寺、永平寺を訪ねたい。▽えちぜん鉄道山王駅から徒歩5分に入浴施設永平寺温泉 禅の里☎0776・64・3510がある。

■**問合せ先** 永平寺町役場☎0776・61・1111

■**2万5000分ノ1地形図** 山王・永平寺

23

吉野ヶ岳

よしのがたけ
547m

蔵王大権現を祀る泰澄大師が開山した越前五山のひとつ

日帰り

歩行時間＝2時間5分
歩行距離＝2・9km

技術度

体力度

コース定数＝9

標高差＝411m

累積標高差 424m 422m

福井市河水町付近から仰ぎ見る吉野ヶ岳

林道からの登りは階段が続く

吉野ヶ岳は泰澄大師が最初に開山したとされる越前《えちぜん》五山のひとつだ。蔵王《ざおう》大権現を祀っていることから「蔵王山《ざおうさん》」ともよばれるが、麓の集落の名前から「吉野ヶ岳」とよぶのが一般的になっている。永平寺《えいへいじ》町松岡上吉野《まつおかかみよしの》町の集落奥の鳥居が**登山口**となる。登山口には蔵王大権現の由来を書いたりっぱな石碑や道標がある。

鳥居をくぐって登山を開始する。杉林の中の登山道はよく踏まれ、整備もよくて歩きやすい。たくさんのガクアジサイの中、谷筋から尾根歩きとなり、やがて舗装された**林道**に出る。ここから右に70《メートル》ほど林道を歩くと、左手に登山道がある。

ここからはさらによく整備された階段状の道となる。途中、地蔵の祠があり、杉の大木が現れるころには傾斜が緩くなって赤い鳥居が見えてくる。この先にりっぱな**蔵王大権現**の社が建っている。社殿の前には蔵王大権現像が印刷されたA4サイズの厚紙が置かれていて、持ち帰ることができる。

社の右手を少し下ると閼伽水《あかみず》を

■**鉄道・バス**
往路・復路＝えちぜん鉄道勝山線松岡駅下車、タクシーを利用して登山口へ。

■**マイカー**
北陸自動車道福井北ICから県道113号を南下、上吉野集落を抜けて神明社前の駐車場を目指す。鳥居の付近に6～7台駐車できる。

■**登山適期**
3～11月。冬期も天候のよい時なら、装備を整えて登山もできる。

■**アドバイス**
▽途中で出合った林道は上吉野集落の手前に入口があり、ここから車で登れば林道との交差場所まで行くことができる。ここから山頂までは約40分程度だ。

■**問合せ先**
永平寺町役場☎0776・61・1111

■**2万5000分ノ1地形図**
永平寺

社付近のササユリ

登山路のガクアジサイ

白山展望所から白山を望む

CHECK POINT

蔵王大権現の額がかかる登山口の鳥居

一ノ花立地蔵でひと休みしよう

りっぱな赤い鳥居と蔵王大権現社

山頂広場の三角点と標示板

汲む場所がある。社の右側を抜けて少し登れば**吉野ヶ岳**山頂広場で、3等三角点（点名＝蔵王山）がある。西側が開け、眼下に福井平野、その奥に九頭竜《くずりゅう》川の河口と日本海まで眺められる。ここでの休息もよいが、さらに奥に進み、右に折れると**白山《はくさん》展望所**と称する切開きがあり、天候がよければ奥越前の山並みの向こうに白山連峰が一望できる休憩場所もある。

下山は往路を戻る。（森田信人）

24

戦国大名朝倉氏本拠の城だった山

一乗城山

いちじょうしろやま
473m

日帰り

歩行時間=2時間35分
歩行距離=6・8km

技術度
体力度

コース定数	=**12**
標高差	=445m
累積標高差	491m / 501m

戦国時代に朝倉氏の城下町として5代103年にわたって栄え、戦乱の京の都に代わって一大文化都市として栄華を誇ったのが一乗谷。その朝倉遺跡の背後に控えるのが一乗城山だ。山名通り、山そのものが城だったが、織田信長が攻め入った時にはすでに朝倉義景は大野《おおの》へ脱出しており、この山は戦場になっていない。しかし、朝倉の本城として、千畳敷、宿直跡、一・二・三の丸の砦があったという、山ごと城であった痕跡を訪ねてみよう。

一乗谷朝倉遺跡には義景の菩提を弔った寺の唐門（山門）が残り、御殿跡や庭園跡などが遺跡として保存されている。かつては諏訪《すわ》館《やかた》跡から山頂を目指す館跡コースがメインルートだったが、土砂崩れで登山道が崩壊し、復旧のめどはたっていない。

馬出《うまだし》コースは当時の正門ルートだったと考えられており、城戸《きど》の内《うち》町の**八幡神社鳥居**の横からはじまる。長い階段の神社に参拝してから登りはじめよう。道標にしたがってよく踏みこまれた登山道を行くと、すぐに急登となる。地蔵菩薩、摩崖仏をすぎると館跡コースとの合流点がある。

なおも登れば、この山城で唯一の水場であったという**不動清水《ふどうしみず》**となる。石の不動尊像の下にわずかな流れがある。ここからひと息で**千畳敷**に到着する。今は杉林になっているが、広い平坦地で、本丸御殿があったとされている。すぐ横に宿直跡の見晴らし台がある。眼下に一乗谷、山向こうには文殊《もんじゅ》山《さん》が見わたせる。

ここからは尾根道を緩やかに登

■鉄道・バス
往路＝JR九頭竜線一乗谷駅下車。城戸の内町八幡神社まで1・4㌔、徒歩17分。福井駅から京福バスを利用する場合は、福井駅西口乗り場62系統の東郷線で城戸の内バス停下車。
復路＝安波賀町下城戸跡がある向山橋から一乗谷駅に戻る。700㍍、8分。

■マイカー
北陸自動車道福井北ICから国道158号を東に向かい、天神交差点右折、県道31号足羽川を渡って左折、安波賀町で右折して県道18号で一乗谷史跡公園駐車場へ。30台程度駐車可能。ほかにも近隣に駐車場は多い。

■登山適期
3～11月。冬期も登る登山者は多い。

■アドバイス
▽一乗城山は朝倉遺跡と一体の国指定遺跡なので、全体をぜひ見学していきたい。国特別史跡、朝倉遺跡は1967年から本格的な発掘調査がはじまった中世の大都市遺跡。発掘された出土品を展示する福井県立一乗谷朝倉氏遺跡資料館☎0776・41・2301、当時の街並みを復元した「復元町並」、唐門がおすすめ。

■問合せ先
福井市役所☎0776・20・5111

■2万5000分ノ1地形図
永平寺・河和田

CHECK POINT

八幡神社は長い階段を登る

水のない不動清水の不動明王石像

本丸御殿跡広場の千畳敷

三の丸跡の狭い一乗城山山頂

整備された安波賀コースの迂回路

安波賀コース防獣ネット

秀吉が寄進した唐門

巨岩を組んだ下城戸

↑一乗谷史跡公園から一乗城山

る。一の丸、二の丸と砦跡をすぎ、少し急坂となって最後の三の丸が**一乗城山**の山頂だ。標識があり、小高くなってはいるが、全体に平坦な山頂で、疎林の中のため眺望はない。三角点は二の丸から離れた尾根の一角にあるが、そこへ通じる道は明瞭でない。

下山は**千畳敷**まで引き返し、送電線に沿った穏やかな尾根を下る。大きな竹林を抜け、鉄塔を見ながら下ると防獣ネットがあり、ファスナーを開いて通過する。一乗谷川に突き当たったら上流に向けて川のほとりを少し歩き、向山橋が安波賀《あばが》コースの**登山口**で、付近に巨石でつくられた下城戸跡がある。

（森田信人）

25 飯降山

おにぎりが降った伝説の山

いいふりやま
884m

日帰り

歩行時間＝3時間50分
歩行距離＝5・6km

技術度 ▲▲▲▲▲（1/5）
体力度 ♥♥♥♥♥（1/5）

コース定数＝**17**

標高差＝706m

累積標高差 ↗756m ↘756m

スタート地点から望む飯降山（右のピーク）

大野《おおの》盆地の西に東側の荒島岳《あらしまだけ》に対峙してそびえ立つ山で、荒島岳と丈くらべをして負けたという伝説が残っている。「飯降」の由来として、尼が3人まじめに修行をしていたら毎日オムスビが降ってくるようになったなど、伝説の多い山である。734年、泰澄大師が開山したとされ、「飯降嶽《いいふりだけ》」「伊振《いふり》山《やま》」「伊振《いふり》ヶ嶽《だけ》」「御嶽《みたけ》」「大岳《おおたけ》」など多くの山名記録がある。

飯降集落の手前に**登山口**があり、近くにあるショッピングセンターの**ヴィオバス停**からの出発となる。「飯降白山大権現」と彫られたりっぱな石碑の横を登り、「御《み》堂《どう》」とよばれる社に立ち寄って登山道となる。

すぐに**戌山《いぬやま》城址分岐**がある。この城址からは大野城が雲海に浮かぶ姿を眺めることができる。気持ちのよい林間の道はしだいに急坂となり、大野盆地の眺めを楽しみながら高度を上げていく。

やがて小さな小屋のある**作業道終点**の広場へ着く。ひと息入れて階段の急登をすぎ、勾配が緩くなってくれば御嶽神社である。小さな小屋があるだけで、神社の趣はない。

■鉄道・バス
往路・復路＝JR九頭竜線大野駅下車、まちなか循環バスでヴィオバス停へ。

■マイカー
中部縦貫道大野IC、国道157号、158号を福井方面に向かい、ショッピングモール・ヴィオの駐車場へ。飯降集落公民館にも数台は駐車可。

■登山適期
4～11月。積雪期は相応の装備を整えて登ること。

■アドバイス
▽大野市は金森長親が築いた大野城の城下町として、戦災・災害にも遭わず今にその姿を残している。大野城、お清水、七間朝市、家老・内山家の武士屋敷や寺町通などを訪ねてみるとよい。

■問合せ先
大野市役所☎0779・66・1111、大野市観光協会☎0779・65・5521

■2万5000分ノ1地形図
越前大野

CHECK POINT

登山口は飯降集落の入口

御堂とよばれるりっぱな社

整備された登山道を行く

林道終点は明るい広場

御嶽神社は小屋の中

夏草繁る山頂の２等三角点

登山道からは大野盆地と奥越の山々の展望よし

すぐに細長い**飯降山**山頂に登り着く。壊れた石像や仏像が入った祠が点在し、中央に2等三角点（点名＝御岳山）がある。周囲に大木があって展望がないので、少し進むと「奥の院」とよばれる芝生の広場があり、東が開け、大野盆地の眺望がある。その先は廃道になっている。

帰路は往路を下るが、急坂に注意が必要。（森田信人）

福井市三本木町付近から文殊山、奥の院、橋立山を望む

26

福井市民から親しまれる越前五山の中心

文殊山

もんじゅさん 366m

日帰り

Ⓐ縦走コース　歩行時間＝3時間25分　歩行距離＝9.0km　技術度　体力度

Ⓑ大村コース　歩行時間＝2時間5分　歩行距離＝5.2km　技術度　体力度

Ⓒ大正寺コース　歩行時間＝2時間　歩行距離＝4.3km　技術度　体力度

コース定数＝Ⓐ15 Ⓑ10 Ⓒ10

標高差＝Ⓐ356m Ⓑ348m Ⓒ312m

累積標高差
Ⓐ ↗608m ↘605m
Ⓑ ↗449m ↘449m
Ⓒ ↗466m ↘466m

福井市と鯖江《さばえ》市の境界にある文殊山は、養老元年に泰澄大師によって開山された越前五山のひとつとして知られている。山上には室《むろ》堂《どう》、大文殊《だいもんじゅ》、奥の院と3つの峰があり、それぞれ阿弥陀如来、文殊支利菩薩、正観世音菩薩が祀られている。市街地からのアプローチもよく、さまざまな登山コースがあり、多くの市民にハイキングの山として親しまれている。ここでは二上《ふたがみ》から登り、橋立山《はしだてやま》を経て酒《さか》清《しょうず》水に下る縦走コースを主に紹介しよう。

Ⓐ縦走コース

JR大土呂《おおどろ》駅から南に向かって集落を抜け、高速道路下をくぐり山際を行くと、大きな駐車場とトイレが整備された**二上登山口**に着く。駐車場奥からはじまる林道を少し歩くと「文殊山登山道（二上口）」の標識があり、ここを左に折れて登山道となる。

階段状に整備された登山道を緩やかに登り、水場の岩清水《いわしみず》に着く。左から大村《おおむら》コースが出合う**七曲《ななまがり》**で右に折れて室堂に向かう。途中に文殊霊泉の看板があり、少し下ると水場がある。続いて少し登るとトイレやあずまやがある広場の**室堂**に着く。「小文殊」ともよばれ、阿弥陀堂と御神木の天狗杉がある。春にはサクラが美しいところだ。

いったん尾根道を下り、登り返すと角原《つのはら》コースと合流し、急な階段状の道を登ると展望台となる。春には一面に花が咲くカタクリの群生地を通りすぎるとまもなく本堂のある**文殊山**（大文殊）山頂だ。福井市街を見わたすことができ、

■**鉄道・バス**

往路・復路＝ⒶJR北陸線大土呂駅、北鯖江駅が起点・終点駅となる。ⒷⒸともに登山口まではJR福井駅からタクシーを利用する。

■**マイカー**

Ⓐ北陸自動車道福井ICから国道158号、国道8号をそれぞれ左折して、大土呂交差点を左折して二上登山口駐車場を目指す。50台以上駐車可。酒清水登山口へは、鯖江ICから国道8号経由、御幸交差点で東へ、県道208号の高速高架下をくぐり浅水川の橋を渡り左折する。2～3台駐車可。ⒷⒸ大村登山口・大正寺登山口ともに鯖江ICから県道208号を福井方面に進み、榎坂トンネルの福井側に大村の集落、鯖江側に大正寺集落がある。それぞれ、楞厳寺、妙心寺横に駐車場がある。各5台ほど停められトイレも整備されている。

■**登山適期**

3～11月が適期。特に3月下旬から4月はカタクリや桜が美しい。冬期でも登山者は多い。

■**アドバイス**

▽橋立山の酒清水はこの水で酒がつくられていたことから名づけられた。四季を通して水を汲みに来る人が絶えない。

▽縦走コースは静かなハイキングコースとしておすすめ。

■**問合せ先**

東には白山《はくさん》も望める。文殊堂が建っていたが、2018年の台風で破壊され、無残な姿になっている。

この先は整備された遊歩道から山道に変わり、鞍部まで下ると南《なお》井《い》コースと合流する。急坂を登って胎内くぐりの大岩に出合い、**奥の院**に着く。正観音を祀る小さな社と2等三角点（点名＝文殊山）があるが、展望はない。

ここから四方谷《しほうだに》コースとの分岐までやせ尾根を下っていく。分岐からの橋立山方面へ登り返すと、テレビの中継アンテナがあり、この奥が**橋立山**で4等三角点（点名＝橋立山）がある。

鉄塔をすぎるとまもなく分岐となり、左に折れて山腹の道を進み、ロープのある最後の急坂を下りきれば**酒清水の登山口**に出る。浅水川《あそうず》を渡り、**ＪＲ北鯖江駅**へ向かう。

Ⓑ大村コース

登山口の大村には「文殊山下社」とよばれた諸社堂があり、文殊山を支配していたといわれ、楞厳寺《りょうごんじ》はその社堂のひとつであったらしい。大村コースにはなだらかな本道と近道の旧道があり、分岐と合流を繰り返していて、分岐には案内図が設置されている。ここでは本道から歩く。

寺の横を通り、幅の広い整備された登山道を進むと「登山道本道頂上まで約60分」の標識がある。ほどなく古墳坂《こふんざか》の道案内図が出てくる。分岐を右に、本道を歩いていくと小高くなっているところがあり、ここが古墳だという。

さらに歩みを進めると「これよりツチノコ坂」の道案内図に出合う。ここでは旧道を歩いてみよう。左手の尾根に取り付き、急登をいっきに登っていく。稜線に合流したら右へ曲がり本道との合流地点である**小平**《こべら》に出る。ここからは緩やかに本道を歩いていき、まもなく二上コースとの合流地点である**七曲**に着く。あとは縦走コースで**文殊山**山頂へ。

山頂からは**七曲**に戻り、出発点に戻る。下りにも案内板があり、旧道（近道コース）で下りていくと、

カタクリの群生地

福井市役所☎0776・20・5111
■2万5000分ノ1地形図
鯖江

CHECK POINT―Ⓐ縦走コース

1 林道終点で登山道に入る

2 岩から水が流れる岩清水

3 小文殊の天狗杉と室堂

4 南西方向が見える展望台

5 知恵を授かる胎内くぐり

6 下山口の酒清水

CHECK POINT―Ⓑ大村コース

1 楞厳寺駐車場

2 うわさのツチノコ坂

CHECK POINT―Ⓒ大正寺コース

1 大正寺登山口

2 登りやすい榎坂峠

3 僧・日像が刻んだ岩題目

楞厳寺の裏墓地に出る。ここにある松平忠直の隠し墓や、福井藩家老、藩士の墓などを見て、**登山口**へ戻る。

Ⓒ大正寺コース

大正寺《だいしょうじ》コースは室堂までの距離が短く、階段はあるが、登山道は全体的になだらかなので、手軽に登りたい人や初心者に向いている。

駐車場の反対側が**登山口**で、大きな案内板がある。階段から杉木立の中を歩き、つづら折りを登ると林道に出合う。林道を横切ると岩題目《いわだいもく》の説明板や地蔵が祀られた**榎坂《えのきざか》峠**に着く。正面から西袋《にしぶくろ》コースが合流する。峠を直進すると5分ほどで**岩題目**に着く。

室堂へは**榎坂峠**まで戻り、右に曲がって「百階段」とよばれる階段を登る。途中の鉄塔付近からは鯖江方面の景色が広がる。階段が終わり、歩みを進めると巡視路との分岐があり、やがてなだらかな尾根道と出合う。秋はこのあたりの紅葉がみごとだ。**室堂**に着いたら、ほどなく**文殊山**山頂だ。

（亀田友紀）

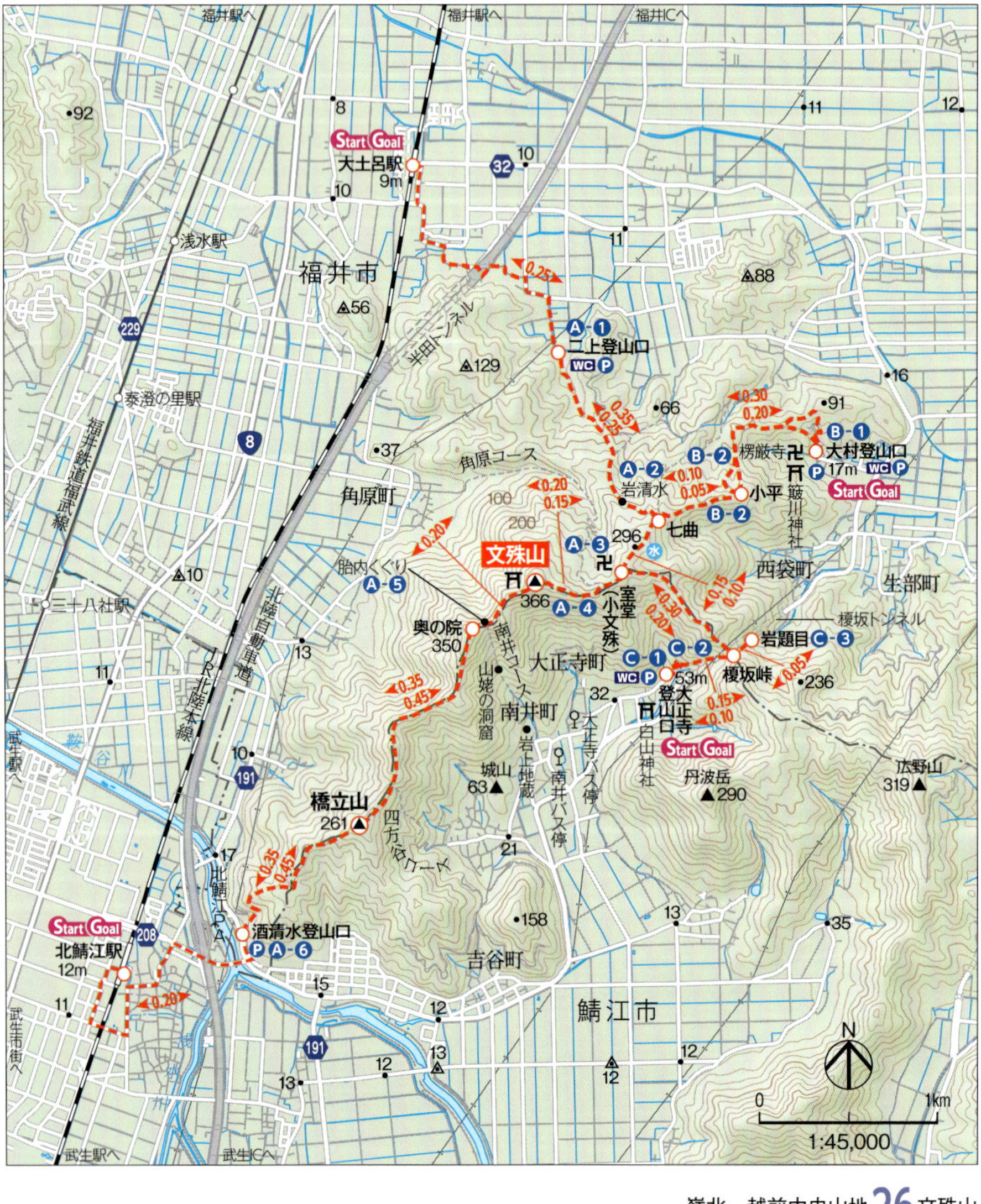

27 越前国の中央に位置する眺望の山

三里山
さんりやま
346m

日帰り

Ⓐ中新庄から花筐公園　歩行時間＝2時間25分　歩行距離＝5・5km　技術度　体力度
Ⓑ三里山から縦走　歩行時間＝3時間35分　歩行距離＝9・8km　技術度　体力度

コース定数＝Ⓐ13 Ⓑ17
標高差＝Ⓐ304m Ⓑ306m
累積標高差　Ⓐ ↗669m ↘609m　Ⓑ ↗728m ↘728m

↑三里山
←花筐公園

三里山は鯖江《さばえ》市と越前《えちぜん》市にまたがる独立した山塊で、周囲が約3里（12キロ）あることから、総称して「三里山」とよばれている。周辺6箇村がそれぞれ分割して山境が入り組み、峰々それぞれに歴史を秘めていて、古書には「蓬莱山《ほうらいさん》」「越《こし》の中山《なかやま》」など多くの呼称がある。三角点は南三里山（点名＝中津山）にあるが、最高点は三里山であり、三角点が3箇所、ほかに数値が記載された標高点が多数ある特異な山だ。周囲が集落に囲まれているので、ここでは代表的な横断コースを紹介する。車2台で行くのが望ましいが、歩いても1～2時間であり、歴史ある集落をめぐるのもまた一興だろう。

Ⓐ中新庄《なかしんじょう》から花《か》筐《きょう》公園

登山口は**中新庄**。少しわかりにくいところにあるので地元で訪ねるとよいだろう。溜池を通って獣除けフェンスのゲートを開け、登山を開始する。杉林の薄暗い道を進むと地蔵が祀られている。しだいに明るい雑木林になり、ジグザグの山道を登っていくと小さな滝に出合う。ほどなく泰澄大師立像と泰澄の霊水に到着する。横に地蔵が並んでいる。

泰澄の霊水をすぎると、つぶれた社と地蔵の祠がある。このあたりに権現寺があったようだ。往時にはのぼり旗が立ち、参拝者でにぎわっていたという。平成6年の失火で焼失。再建の計画はないようだ。

しだいに明るい登山道になると稜線の**中新庄分岐**だ。左に行くと三里山に行くことができるが、ここは右折して三角点と展望台がある南三里山に向かう。尾根道はほとんど擬木の階段で、よく整備されている。

高源寺《こうげんじ》跡（中津山《なかつやま》分岐）をすぎると、越前市の今立《いまだて》方面や三里山の展望がすばらしいビューポイントがある。さらに進むと展望台が建つ**南三里山**に着く。日野山《ひのさん》を眺めながら休憩していこう。

南三里山から擬木の階段を下ると、林道終点の**花筐公園分岐**だ。分岐から行司岳《ぎょうじだけ》は近いので往復するとよい。途中に粟田部《あわたべ》城（行司ヶ岳城）跡がある。山頂のようなピークからさらに進んだところが**行司岳**だ。

下山は**花筐公園分岐**まで戻って、また擬木の階段を下ると有名な淡墨桜に出会う。展望台があるので休息にちょうどよい。淡墨桜はのちに継体天皇となる男《お》大迹皇《おとのおう》子《じ》が即位のためこの地を離れる際、形見として残した桜で、当初紅色だったが、都に上がって縁が遠くなったせいか、しだいに薄墨色になり、以来里人は「筐（かた

CHECK POINT―Ⓐ中新庄から花筐公園

中新庄登山口のフェンス

地蔵が並ぶ泰澄の霊水

展望がよい行司岳山頂

琴弾山展望台登山口

越前市野岡地区から行司岳は鋭いピラミッド形をしている

継体天皇が形見に残したといわれる薄墨桜

CHECK POINT―Ⓑ三里山から縦走

木立の中の三里山山頂

展望台が建つ南三里山

逢坂山公園登山口に下る

み）の花」＝「薄墨桜」とよぶようになったといわれている。

さらに下って途中で孫桜をながめ、最後は石段を下って**琴弾山展望台駐車場**に出る。車道を少し歩くと、桜と紅葉で有名な**花筐公園**（佐山姫公園）だ。

Ⓑ三里山から南三里山を経て逢坂山公園へ縦走

川島《かわしま》町の登山口は加多志波《かたしば》神社境内にあり、隘路の旧道沿いにあるのでわかりにくいが、集落内に小さな案内表示がある。**加多志波神社**の駐車場から登山口に向かい、獣除けのゲートを開けて登山道に入る。**ドツ**（はげ山）までは階段が多い。ドツからは緩やかな尾根道になる。雨降神社跡、ミズバショウ湿地分岐をすぎると馬の背、さらに200㍍で**三里山**（北峰）に着く。樹木に囲まれているので展望はあまりよくない。

擬木の階段を上下しながら進むと**中新庄分岐**に着く。登山道の東側には林道が走っている。擬木の階段を登ると高源寺跡（中津山分岐）。ここにはベンチがあるので休憩によい。

この先で越前市の今立方面や三里山の展望がすばらしいビューポイントがある。さらに進むと展望台が建つ**南三里山**だ。ここから日野山方面の展望がすばらしい。

南三里山から擬木の階段を下って林道終点の**花筐公園分岐**へ。分岐から行司岳の途中に粟田部城（行司ヶ岳城）跡がある。山頂のようなピークからさらに進むと**行司岳**である。ここから今立方面の展望を楽しむことができる。

行司岳から先は急な下りが続く。登山道が少し痛んでいるので、注意してほしい。林道が両側に見えるとゴールは近い。少し尾根道を登ってから林道に出る。**逢坂山公園**から林道を少し戻って階段を下ると、**白山神社**の駐車場だ。

（山田哲雄）

■鉄道・バス
往路・復路＝両コースの登山口、下山口とも最寄り駅はJR鯖江駅で、いずれも、徒歩かタクシーを利用することになる。

■マイカー
Ⓐ中新庄登山口へは、鯖江ICから国

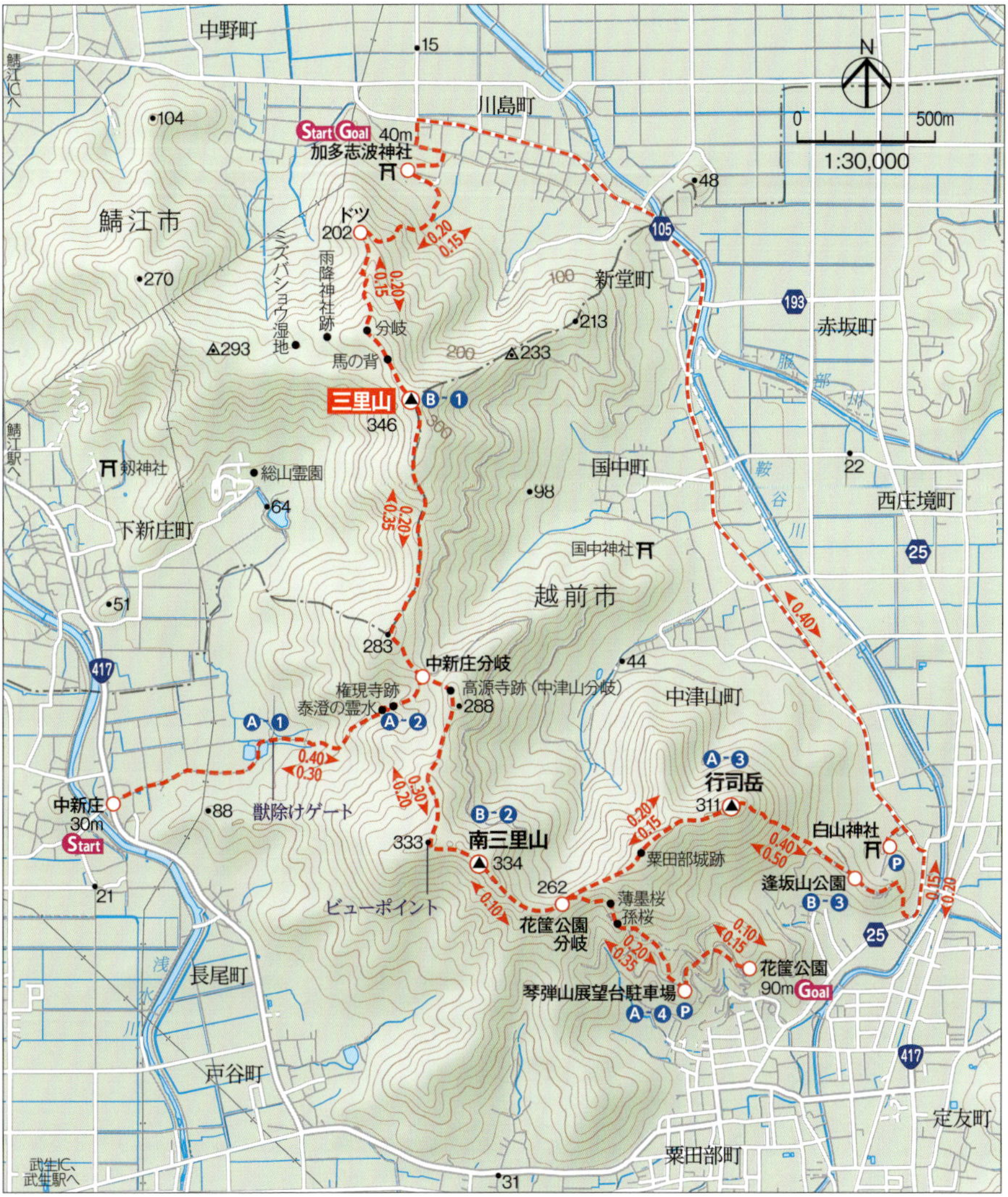

道8号に出て、2つめの信号の鯖江駅東口交差点を左折。国道417号で三里山山麓を進み、鯖江市下新庄の次が越前市中新庄。放光寺をすぎるとすぐ左折。山沿いの狭い林道を進むと、フェンスに囲まれたため池に出る。フェンス前の広場に7～8台駐車できる。下山口の花筐（佐山姫）公園駐車場へは鯖江ICからは国道417号、武生ICからは県道262号を東進、突き当たりで198号を左折して直進する。Ⓑ川島町登山口へは鯖江ICから左折し、県道105号で川島町加多志波神社へ。下山口の白山神社へは、県道195号を鞍谷川に沿って粟田部方面へ南下、山側に神社への登路がある。

■**登山適期**

3～11月。冬期も天候がよければ登る人は多い。ただし、ワカンやスノーシュー、防寒・防水対策が必須。

■**アドバイス**

▽付近には越前漆器河和田塗、越前和紙の産地があり、展示館もある。越前蕎麦もおすすめ。

■**問合せ先**

越前市役所☎0778・22・3000、越前市観光協会☎0778・23・8900、鯖江市役所☎0778・51・2200、鯖江観光協会（さばかん）☎0778・52・2323

■**2万5000分ノ1地形図**

鯖江・武生

28 剣豪・佐々木小次郎ゆかりの滝に心打たれる山

権現山

ごんげんやま
565m

日帰り

歩行時間=2時間40分
歩行距離=4.7km

技術度
体力度

コース定数=12
標高差=485m
累積標高差 520m 520m

小次郎の里公園から見上げる権現山

佐々木小次郎の秘剣「ツバメ返し」にちなむ柳《やなぎ》ノ滝の源流の山が権現山だ。山の歴史は古く、701年、泰澄大師の開山と伝えられ、「越《こし》の五山」よりも古い。山名の由来は山頂の社からとされている。この山の最大の魅力は、柳谷にかかる5つの滝だろう。下流から不動《ふどう》滝、お釜《かま》滝、布《ぬの》滝、窓《まど》滝、夫婦《めおと》滝と連続し、これを「柳の(五)滝」という。

水間《みずま》川に沿って県道117号で柳元《やなぎもと》町を目指す。途中に小次郎の里公園があるので、帰りにでも寄るとよい。柳の滝の案内板から集落内の狭い道に入る。堰堤前で道が分かれるので左に入り、急な登りが終わると**裏参道登山口**の小さな広場がある。広場には車が4、5台駐車可能である。

柳の五滝コースは「裏参道」とよばれており、遊歩道はよく整備されている。谷筋の湿ったコースなのですべりやすい箇所が多く、下りに使うときは注意が必要だ。最初の滝が不動滝。脇に泰澄大師の石像と不動明王の小さな穴があり、不動明王の右約40センチのところに、「小六」と彫られている。看板の説明では、佐々木小次郎の幼名で、この不動滝で剣の修行をしたとされる。

布滝の広場にはベンチが置かれている。高さ30メートルを超える岩壁をすべるように流れるさまが、さながら白布をたらしたようなので、

■鉄道・バス
往路・復路=JR北陸本線武生駅から福井鉄道バスで南越中学校前下車、水間川上流の柳元町の登山口まで5.5キロ、徒歩約1時間10分。

■マイカー
北陸自動車道鯖江ICから県道105号、193号、117号、または武生ICから県道2号、117号で柳元町を目指す。途中の交差点が複雑でややわかりにくい。

■登山適期
4~11月。裏参道は滝があり、水が豊富で夏でも涼しい。冬の積雪期は急坂続きなので避けたい。

■アドバイス
▽鯖江市河和田町の漆器と武生市岩本町の和紙は福井県の伝統産業でそれぞれ展示館などがそろっている。
▽武生市大滝町の大滝神社は一見の価値がある。

■問合せ先
越前市役所☎0778・22・3000、越前市観光協会☎0778・23・8900

■2万5000分ノ1地形図
稲荷

ウリノ木

ササユリ

二条の滝が落ちる窓滝

白布を垂らしたように流れる布滝

佐々木小次郎の幼名「小六」の彫刻がある不動滝

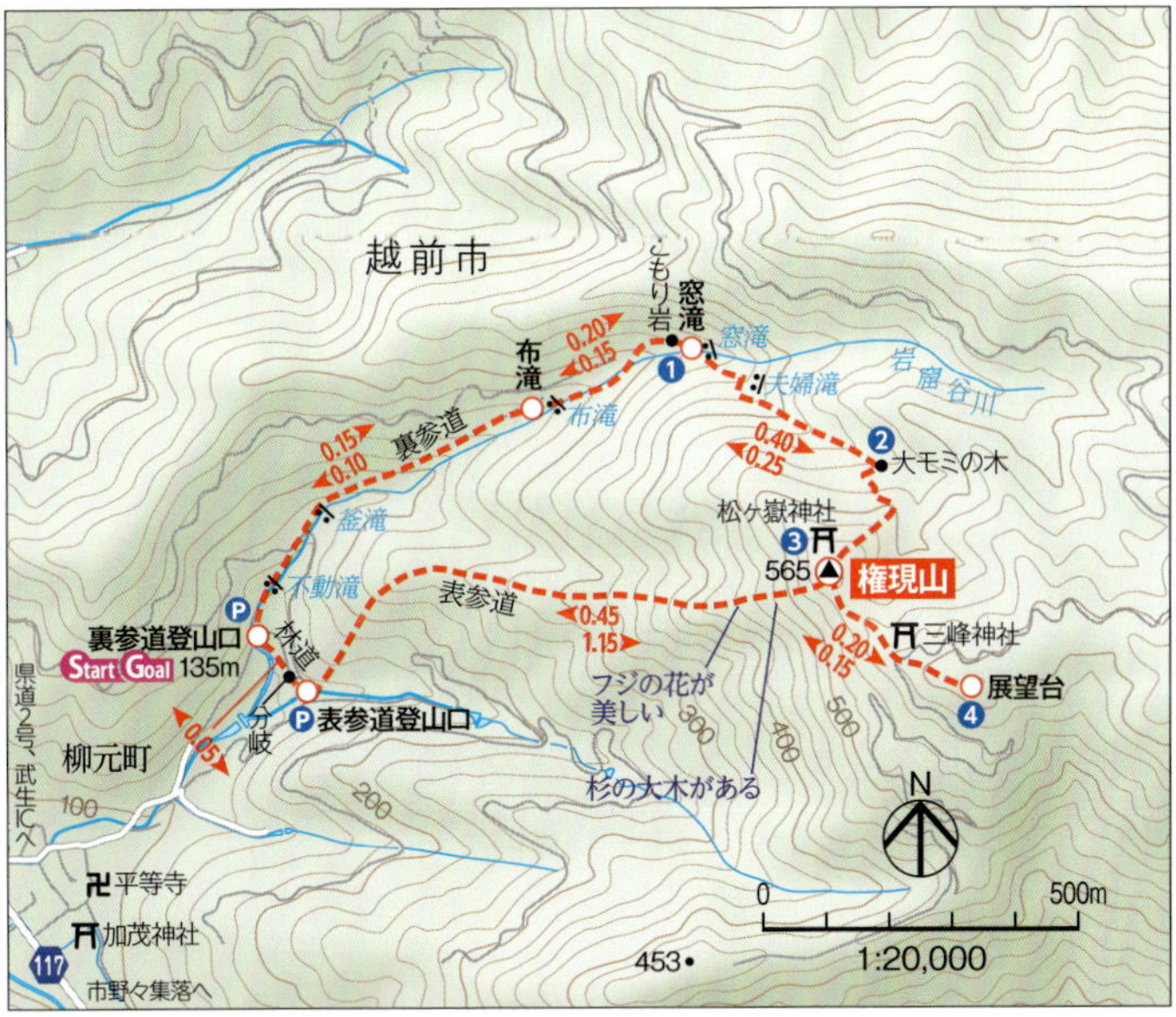

こうよばれている。

丸木橋を2本渡ると、登山道は谷に沿って高度を上げていく。登山道から離れて鎖場を少しつめると、**窓滝**とこもり岩がある。夫婦滝をすぎると、谷から離れて尾根の急登になる。

大きなモミの木が出てくると、松《まつ》ヶ嶽《たけ》神社のある山頂は近い。ベンチのある**権現山**山頂からさらに進むと、途中に休憩小屋と三峰《みつみね》神社の小さな社がある。林道を横切ってさらに登ると**展望台**に着く。

下山は松ヶ嶽神社から尾根道の表参道を下るとよい。すべりやすい急坂が終わると、手入れされた杉林の登山道になる。林道に出たところが**表参道登山口**で、右方向に進み、分岐を左に下ると、**裏参道登山口**の駐車場に戻ることができる。

（山田哲雄）

CHECK POINT

1 平家の落ち武者が隠れたといわれるこもり岩

2 越前市指定天然記念物の大モミの木。山頂はもうすぐだ

3 権現山山頂の松ヶ嶽神社

4 夏草繁る展望台。造林記念碑がある

29 花と展望を楽しむ福井市民の里山

下市山

しもいちやま
262m

日帰り

歩行時間＝1時間40分
歩行距離＝4.0km

技術度

体力度

コース定数＝7
標高差＝242m
累積標高差 ↗295m ↘295m

日野川岸から見る下市山

下市山山頂から荒島岳、銀杏峰、部子山を見る

　下市山は福井市の北西にあり、市街地に近く、世代を問わず気軽に登山が楽しめる里山だ。福井市の「二十一世紀わがまち夢プラン」の中で、「花と展望を楽しむミルキングコース」として整備されている。山麓の下市町は日野《ひの》川と足羽《あすわ》川という福井県嶺北《れいほく》地域南部の二大河川が合流する水上交通の要地で、かつては市が立ち、安居《あご》城という南北朝から続く城塞が戦国時代まであった地区である。この地名が山名の由来になったようだ。

　登山口は下市町に3箇所、東山麓の金屋《かなや》町に2箇所あり、ここでは代表的な周回コースを紹介しよう。**みくりや清水登山口**には小さな清水が流れ、ささやかな池もある。りっぱな案内板や道標もあって迷うことはない。

　登山口からいきなりジグザグの登りとなり、ナニワズ、ヤマザクラ、タニウツギ、ヤブランなどの季節の花を眺められる。ところどころに地元の小学生が書いたかわいい案内板があり、おもしろい。

　ひと汗かくころに**第二展望所**へ着く。ここからの眺望は日々多彩で、眼下に日野川と足羽川の合流点と福井市街、その向こうに白山《はくさん》や九頭竜《くずりゅう》川、足羽川上流の山々が展望できる。朝焼けや秋から冬の雲海は実にみごとなものがある。

　ここからは尾根歩きとなり、途中、雄《お》池・雌《め》池の分岐を経て、急階段を避けて尾根通しの小山新道

■**鉄道・バス**
往路・復路＝JR北陸本線福井駅下車、西口バス停から京福バス桜ヶ丘団地線で20分、下市バス停下車。みくりや清水登山口まで集落を横切って徒歩約10分。金屋登山口は金屋バス停下車、付近に登山口がある。

■**マイカー**
北陸自動車道福井北ICから国道416号、県道251号を西進、市街地を抜けて明治橋を渡り、突き当たりを左折。日野川の左岸を走り、数分で右手山麓にみくりや登山口駐車場。路上駐車も含め20台以上可。下市ため池登山口付近にも5～6台の駐車スペースがある。

■**登山適期**
四季を通じて登山できる。雪が深いときは長靴やワカン、雨の日にも長靴で登る人が多い。

キツネノカミソリ

ナツエビネ

■**アドバイス**
▽各登山口にはイノシシ除けの電気柵が設置されているので感電に注意。
▽山中、登山口周辺にはトイレが設

を経て**下市山**山頂広場に着く。ここからの展望もすばらしく、休息用の腰掛やザック掛も設置されている。

ひと息ついたら安居城址に向けて下る。杉の平の先では、ムラサキシキブ、クロモジの花、少し入るとキツネノカミソリやナツエビネなど季節の花が楽しめる。北朝方の足羽七城のひとつ、安居城址を経て**下市ため池登山口**へ着く。すぐ横の与須奈《よすな》神社裏が下市バス停で、**みくりや登山口**までは約1キロ10分である。（小寺敏夫）

CHECK POINT

登山者が多い下市山清水登山口

福井市街地や川の合流部が見える下市山第二展望所

南東方向に開けた下市山山頂広場

竹林の下りは急坂なので要注意

南北朝時代の要害だった安居城址

城址のすぐ下が下市ため池登山口

置されていないので、事前に用足しする必要がある。

■問合せ先

福井市役所観光誘客課☎0776・20・0380、ウエルカムセンター（福井市観光案内所）☎0776・20・5348

■2万5000分ノ1地形図

福井

30

泰澄大師によって開山された白山信仰の原点の山

越知山

おちさん
613m

日帰り

歩行時間＝4時間20分
歩行距離＝12.0km

技術度
体力度

コース定数＝20
標高差＝516m
累積標高差 ↗843m ↘843m

越知山は白山《はくさん》信仰の開祖である泰澄大師が修行したと伝えられる北陸最古の修験の霊場で、古くから白山、日野山《ひのさん》、文殊山《もんじゅさん》、吉野《よしの》ヶ岳《だけ》とともに、「越前五山」のひとつに数えられている信仰の山である。

←第29回越知山泰澄祭では室堂で音楽を楽しんだ

←ブナ原生林（行者道）の紅葉

小川《おがわ》登山口からしばらく車道を歩く。途中、大谷《おおたに》風穴に立ち寄って**木《き》の実谷《みだに》登山口**から登山を開始する。このルートは古来の修行道なので見どころが多いが、谷筋なのでぬかるみに注意しながら登っていこう。稜線直下は急坂なので、階段やロープが設置されている。

稜線に出たところが**木の実谷分岐**。左に進み、祠のある**独鈷水《とっこすい》分岐**から少し下ると、岩壁から冷たい清水が流れ出ている。泰澄大師がもっていた独鈷で岩を突いたら、その穴から水が湧き出てきたという言い伝えがある。

ブナ原生林の登山道は緩やかで歩きやすく、りっぱな標識が全コースに整備されている。**越知神社**に参拝後、笏谷石《しゃくだにいし》の石段を登って奥の院を目指す。奥の院が三角点のある**越知山**山頂である。笏谷石の石段はすべりやすいので気をつけたい。

下山はブナ原生林の登山道を戻る。10月末から11月初旬ならみごとな紅葉を見ることができるのでおすすめだ。**独鈷水分岐**をすぎ、**木の実谷分岐**で直進して、尾根道

太子堂と千体地蔵

■鉄道・バス
往路・復路＝JR北陸本線福井駅、北鯖江駅、武生駅から越前町織田バスターミナルへ行き、コミュニティバスまたはタクシーで小川集落へ。
■マイカー
北陸自動車道鯖江ICから国道417号、県道184号で越前海岸方面へ進む。小川登山口には10台ほどの駐車スペースがある。鯖江からは国道417号、県道184号、6号で越

（行者道）を下る。林道に出てそのまま下ると真木《まき》集落に出るので注意がいる。少しアップダウンがあるが、**林道**の上には登山道もある。竹林を抜けると、**小川登山口**戻り着く。

（山田哲雄）

CHECK POINT

1 幕末から明治にかけては養魚場だった大谷風穴

2 木の実谷登山口から暗い谷道に入る

3 風が通る木の実谷稜線分岐。ひと息入れていこう

4 独鈷水分岐にはたくさんの石仏が祀られている

5 越知神社に参拝して室堂に下り、山頂へ

6 奥の院の横手に３等三角点（点名＝越知山）がある

前海岸大味を目指し、尼ヶ谷から越知神社まで車で行くこともできる。また、織田から悠久ロマンの杜を経て花立峠まで車で行くことができる。峠から尾根道を30分ほど歩くと越知神社だ。

■**登山適期**

4～11月。特にブナの新緑と黄葉の季節がおすすめ。冬は積雪が多いので、スノーシューかワカンは必携。

ササユリ

■**アドバイス**

▽毎年5月最終日曜に泰澄祭・泰澄ウォークが開催されている。

▽温泉・宿泊施設に泰澄の杜☎0778・34・2322がある。

▽大谷寺は泰澄大師がはじめて修行し86歳で遷化した地。明治時代、神仏分離令の際に、越知山から降ろされた多数の仏像が安置されている。

■**問合せ先**

越前町役場☎0778・34・1234、越前町観光連盟☎0778・37・1234

■**2万5000分ノ1地形図**

織田

31

三床山

静かな里山の魅力を味わう

みとこやま
280m

日帰り

歩行時間=2時間10分
歩行距離=6・5km

技術度

体力度

コース定数	=10
標高差	=250m
累積標高差	↗392m ↘392m

三床山山頂展望台。広い視界で白山も見える

　三床山は鯖江《さばえ》市の西端、越前《えちぜん》町との境にあり、「御床山《みとこやま》」「御床《みとこ》ヶ岳《だけ》」とも書かれる。「御床」の由来は継体天皇が越前各地の湖沼を排除するためにこの山上に床机を据え、ここから指揮をとったことにちなんでいるそうだ。南北朝時代に、福井平野から武生《たけふ》盆地まで一望できる戦略の拠点として三床山城が築かれ、北朝の足利高経が新田義貞の弟・脇屋儀助と戦ったと伝えられている。四方がほとんど平地であり、登山コースも石生谷《いしょうだに》トンネル、同林道、和田《わだ》、西大井《にしおおい》、佐々生《さそう》と多方向からある。ここでは展望のよい縦走路の石生谷トンネルコースを登り、和田登山口へ下る周回コースを紹介しよう。

　石生谷バス停からトンネルへ向かって少し上がると、右手に**登山口**がある。獣害防止柵を開けて広い林道を登る。周囲は桜並木で、春には花見客でにぎわう。

　林道終点の右手から登山道となり、歩きやすい緩やかなアップダウンの稜線には、春に白いタムシバの花が多く咲く。階段のある少し急な登り下りのあと、ひとしきり急坂を登れば前方が開け、**三床**

■**鉄道・バス**
往路・復路＝JR北陸本線鯖江駅下車。市営つつじバス豊線に乗り、石生谷バス停下車。

■**マイカー**
北陸自動車道鯖江ICから右折し、国道8号を左折、すぐに右折して県道104号に入り、そのまま市街地を抜けて西に向かう。石生谷トンネル手前、右側登山口に駐車スペースがある。4～5台駐車可能。バス停付近にも5～6台駐車できるスペースがある。

■**登山適期**
3～11月。特に春先は花、秋は紅葉が美しい。冬期も登る人は多い。

イカリソウ

タムシバ

■**アドバイス**
▽市営バスは1日5便、石生谷バス停～JR鯖江駅間は所用約30分。
▽鯖江市は国産の90パーセント以上を生産する世界的なメガネの産地として有名。鯖江IC付近にめがねミュージアム☎0778・42・8311があり、

鯖江市下野田町から見る三床山。南北朝時代の山城で、激戦地だった

山山頂に登り着く。3等三角点(点名=和田)や「戦いの雄叫び残る三床山」の句が記された三床山城址の案内版などがあり、展望が開けている。

ひと休みしたら、山頂をあとに、少し先に進んで、尾根の展望台へ行ってみよう。眼下に東は越知山《おちさん》から南は鬼《おに》ヶ岳《たけ》まで、ほぼ270度の展望が広がっている。きれいな写真パネルに山名などが記されていて見あきることがない。

下山は案内板にしたがって和田コースへ向かう。穏やかな尾根道で、落ち葉を踏みながらの下山が心地よい。西大井との分岐をすぎると少し急な下りとなり、民家の裏の**和田登山口**へ着く。ここから右に集落を抜けて**石生谷バス停**へ戻る。

（小寺敏夫）

めがね博物館、販売、修理、メガネ手づくり体験教室などがある。

■問合せ先

鯖江市役所☎0778・51・2200、鯖江観光協会☎0778・52・2323

■2万5000分ノ1地形図

鯖江

CHECK POINT

1 石生谷トンネル登山口は桜の名所

2 林道終点から右手の登山道へ

3 林道コース分岐はブナ林の中

4 山城らしく広い三床山山頂

5 歩きやすい和田コースの尾根道

6 民家の裏に下る和田登山口

32 鬼ヶ岳

おにがたけ
533m

周辺の村々を恐怖に陥れた白鬼女伝説の山

日帰り

歩行時間＝1時間50分
歩行距離＝6・5km

技術度
体力度

コース定数＝**11**
標高差＝435m
累積標高差 ↗511m ↘511m

↑大虫地区から鬼ヶ岳を見る

←鬼ヶ岳山頂から日野山方面を見下ろす

「丹生《にゅう》ヶ岳《たけ》」とよばれていた山の岩屋に白鬼女が住み着いて、山麓の古道を通る旅人を襲っていた。

ある年の2月2日、村の若者たちが山を下りてきた鬼を見つけて追いかけて退治した。その場所が日野《ひの》川の白鬼女《しらきじょ》橋で、以来、この山を「鬼ヶ岳」とよぶようになったという。

登山口は**正面登山口**（獣除けゲート）以外に、駐車場脇からの登り口もある。また、周回コースの入口には獣除けのネットがある。ファスナーを開け閉めして出入りすることができる。

最初は杉木立の緩やかな登山道だが、すぐに丸太や岩に刻まれた階段の急登が続く。急登にはロープが設置されて

■**鉄道・バス**
往路・復路＝JR北陸本線武生駅で下車。あとはタクシーを利用して大虫町のカントリーエレベーターへ。

■**マイカー**
北陸自動車道武生ICから万代橋、旧武生市街地、県道190号を西へ進むと、大虫集落の先に大きなカントリーエレベーターが見える。その裏に20台ほどの登山者用駐車場が整備されている。満車の場合は周辺で路上駐車となる。

■**登山適期**
4～11月。冬期にも多くの人が登っている。

■**アドバイス**
▽近年、奥鬼ヶ岳から蛇ヶ岳までの周回コースが開発された。蛇ヶ岳の登山口は大虫滝の奥にある。鬼ヶ岳登山口と大虫滝は歩いて15分ほどの距離。樹林帯の登山道なので特に展望はないが、トレーニングのつもりならよいコースだ。一周4～5時間程度。
▽初夏にミズナラやブナの林間に群生するベニドウダンは分布の北東限とされる。
▽鬼ヶ岳で火を焚いて祈願した雨乞いに由来する鬼ヶ岳火祭りが、毎年8月15日に行われる。大虫神社境内で点火された神火と、厄年の人に担がれた御神体が、太鼓を積んだ先導車とともに鬼ヶ岳の山頂を目指して

CHECK POINT

1 登山口の獣除けゲートあけて進む

2 岩場の急坂。ロープも張られている

3 第2ベンチをすぎると大鬼だ

4 鬼ヶ岳山頂の休憩小屋

いるので、危険を感じたら利用するとよい。途中に、**小鬼展望台**、第2ベンチ、**大鬼展望台**、白鬼展望台があり、山頂までの距離が書かれている。各展望所から越前市《えちぜん》（旧武生《たけふ》）の町並みや日野山《ひのさん》を一望できる。

登り着いた**鬼ヶ岳**山頂には大きな休憩小屋と展望台があり、小屋内部は地元愛好家の手でよく手入れされている。

下山は往路を戻ってもよいが、カントリーエレベーター裏に出る周回コースもよい。少し距離はのびるが、全体に緩やかで、初夏にはベニドウダンを楽しむことができる。周回コースの途中に、**奥鬼ヶ岳への分岐**がある。（山田哲雄）

出発する。登山口で登山者の安全を祈願して祝詞が上げられ、お祓いが行われる。一般参加も可能で、白装束の修験者のうしろに大勢の参加者が続き、手に松明をもって約1時間の道程を登山する。

大虫神社（鬼ヶ岳火祭り）

■問合せ先
越前市役所☎0778・22・3000、越前市観光協会☎0778・23・8900

■2万5000分ノ1地形図
糠

中平吹側から田畑の中にそびえる日野山を見上げる

↑イカリソウ

←イワウチワ

33

万葉歌人や紫式部、松尾芭蕉の歌にも詠まれた秀麗な山

日野山

ひのさん 794m

日帰り

Ⓐ荒谷コース 歩行時間=2時間30分 歩行距離=6.1km 技術度 体力度

Ⓑ中平吹コース 歩行時間=3時間20分 歩行距離=11.2km 技術度 体力度

Ⓒ牧谷〜萱谷周回コース 歩行時間=3時間30分 歩行距離=7.9km 技術度 体力度

コース定数=Ⓐ14Ⓑ18Ⓒ17

標高差=Ⓐ403mⒷ458mⒸ453m

累積標高差 Ⓐ↗765m↘765m Ⓑ↗851m↘851m Ⓒ↗806m↘806m

日野山は越前《えちぜん》五山ひとつで、718年に泰澄大師により開山されたといわれている。平野部から眺めた姿形が美しく、古来より「小《お》健山《たけやま》」や「雛《ひな》ヶ岳《たけ》」「越前富士」などともよばれて親しまれてきた。「ここにかく日野の杉むら埋む雪をしおの松にけふやまがえる」と紫式部が越前国府であった武生《たけふ》で詠んだ歌があるなど、多くの歌人・俳人たちの詩の対象となってきた。登山コースは多く、四季を通じて多方面から登られている。王子保《おうしお》駅に近い中平吹《なかひらぶき》コースが有名だが、最近は北側の明るい荒谷《あらたに》コースに人気が集まっている。

Ⓐ荒谷コース

登山道は**日野神社**の右側にある。小さな鉄製の橋を2つ渡り、

■鉄道・バス

Ⓐ荒谷コース＝JR・福井鉄道武生駅からタクシーを利用する。

Ⓑ中平吹コース＝JR王子保駅が最寄り駅。登山口まで2.5キロ、徒歩約30分。

Ⓒ牧谷から萱谷周回コース＝JR・福井鉄道武生駅からタクシーを利用する。

■マイカー

Ⓐ荒谷コース＝北陸道武生ICから国道8号福井バイパスで南に向かい、村国山南端の庄田交差点を左折する。しばらく東進すると、右手に「荒谷の滝・2キロ」と書かれた案内板がある。ここを右折して、北陸自動車道の日野山トンネル換気塔を目指して南進するとよい。集落内の道は狭いので注意が必要。日野山神社へは獣除け電線をはずして入ることができる。神社の境内に小さなトイレと10台ほどの駐車場がある。

Ⓑ中平吹コース＝北陸自動車道武生ICから国道8号を南下し、日野川を渡る手前の向新保交差点を左折。県道136号を中平吹集落の日野神社へ向かう。神社左側に7〜8台の駐車場がある。

Ⓒ牧谷から萱谷周回コース＝福井市から国道8号福井バイパスで越前市に向かい、村国山南端の庄田交差点を左折。北陸自動車道をすぎ、味真野町の保育園で右折後、日野山登山

北陸自動車道の換気塔横を谷川に沿って登っていく。この付近は花が多いので楽しみな区間だ。また、日野神社から山頂まで、50～100㍍ごとに地元・北日野小の児童作製の案内板が設置されている。

送電線鉄塔と五輪塔板碑（大寺跡）をすぎると、左カーブの奥に小さな水場がある。階段の登山道をゆっくり登ると**西谷分岐**で稜線に出る。稜線の尾根道は岩や段差が多いので、雨後はすべりやすい。注意してほしい。

雑木の尾根は明るくて、季節の花を楽しむことができる。岩の多い急登をすぎると平坦になり、**萱《かや》谷《だに》・宮谷《みやたに》分岐**に出る。車が2台あれば荒谷から萱谷や宮谷へ周回するとよいだろう。続いて岩の多いやせ尾根を登りきると、見晴らしのよい北の社に出る。

わずかに登ると**日野山**山頂だ。天気がよければ奥ノ院から白山《はくさん》方面や冠山《かんむりやま》方面の展望が楽しめる。

CHECK POINT―Ⓐ荒谷コース

1 大寺跡の五輪塔板碑の横を行く

2 稜線に登り着いたところが西谷分岐

3 萱谷分岐を右に行く

4 北の社は見晴らしのよい場所

CHECK POINT―Ⓑ中平吹コース

1 餅の形に似ている焼餅岩

2 縦3枚に割れた弁慶の三枚切り岩

3 中間地点の室堂。鐘がある

4 比丘尼ころがしは伝説の急坂

口へ南進、積善寺へ。

■登山適期

3～11月、冬期は山頂で2㍍程度の積雪となる。ワカンやスノーシュー、防寒装備が必要だが、冬山入門コースとしておすすめ。

■アドバイス

▽日野神社左側の車道を登り、左手の登山道に入ると荒谷の滝がある。

荒谷コースの下山途中なら、換気塔上のフェンス沿いの山道が近道。滝付近はすべりやすいので要注意。

荒谷町の入口に立つ日野神社のりっぱな石造りの標識

日野神社（中平吹）の大鳥居。祭神は継体天皇と宣化天皇

2等三角点（点名＝日野山）は奥ノ院から少し南に移動した場所にある。

Ⓑ中平吹コース

JR王子保駅から東へのびる道路を直進し、日野川の橋を渡って右折して越前市中平吹町の日野神社を目指す。**日野神社**左奥のゲートを開けて登山を開始する。

堰堤をすぎると沢沿いのジグザグ道になり、焼餅岩、石《いし》の唐戸《からと》、弁慶の三枚切りという岩がある。登山道は林道や作業道と何度も交差するので気をつけたい。**室堂**《むろどう》には避難小屋と水場があるので、休憩するにはちょうどよいだろう。

山頂に建つ日野神社奥ノ院。展望がよい

室堂をすぎると、左側にある登山道は作業道を何回か横切って一直線に登っていく。標高550メートルから最難関の**比丘尼**《びくに》**ころがし**だ。立て札に「女人禁制だったころ、尼僧（比丘尼）がこの掟を破って足を踏み入れ、神の怒りに触れて転げ落ちた」とある。一枚岩の急登ですべりやすいので、ロープとボルトを頼りに登っていこう。

最後の作業道を横断し、チシマザサの急登を登りきると、奥ノ院の鳥居がある。広場にはりっぱな休憩所があり、休憩所裏の階段を登れば、日野神社奥ノ院の社殿が建っている**日野山**山頂に出る。

Ⓒ牧谷《まきだに》**から萱谷周回コース**

積善寺《せきぜんじ》横の駐車場で準備を整えたら、牧谷登山口まで農道を歩く。獣除けの電線をはずして中に入り、湿った林道を進む。お地蔵様の分岐を右に進み、次の**分岐**は左に入る。続いて**丸木橋**を渡り、谷沿いに進む。林道を横切って、さらに杉林を登っていく。

牧谷峠には反対側の牧谷から山道がある。峠からは気持ちよい尾根歩きで、西側は杉林である。雑木林になると、前方にピークが2つ見える。

たどり着いた**日野山**山頂の三角点から少し歩くと、展望のよい奥ノ院がある。天気がよい日は、白山、部子山《へこさん》、冠山《かんむりやま》などの展望を楽しむことができる。

帰路は北の社からすべりやすい狭い岩溝と岩場の道を慎重に下る。**荒谷分岐**で右の萱谷コースに入る。緩やかで長い尾根を行くコースだ。

宮谷分岐をすぎ、深くえぐられた山道を気持ちよく下っていくと**萱谷登山口**に下り着く。登山口から積善寺横の駐車場まではすぐそこである。（山田哲雄）

▽登山後の入浴は、しきぶ温泉湯楽里☎0778・25・7800や花はす温泉そまやま☎0778・47・3368などで。

■問合せ先
越前市役所☎0778・22・3000、武生タクシー☎0778・22・0012

■2万5000分ノ1地形図
武生

CHECK POINT― Ⓒ牧谷から萱谷周回コース

1 牧谷登山口は電気柵がある林道入口

2 小祠がある林道分岐を右へ入る

3 丸木橋はすべりやすいので注意

4 三部妙典塚がある古い峠道の牧谷峠

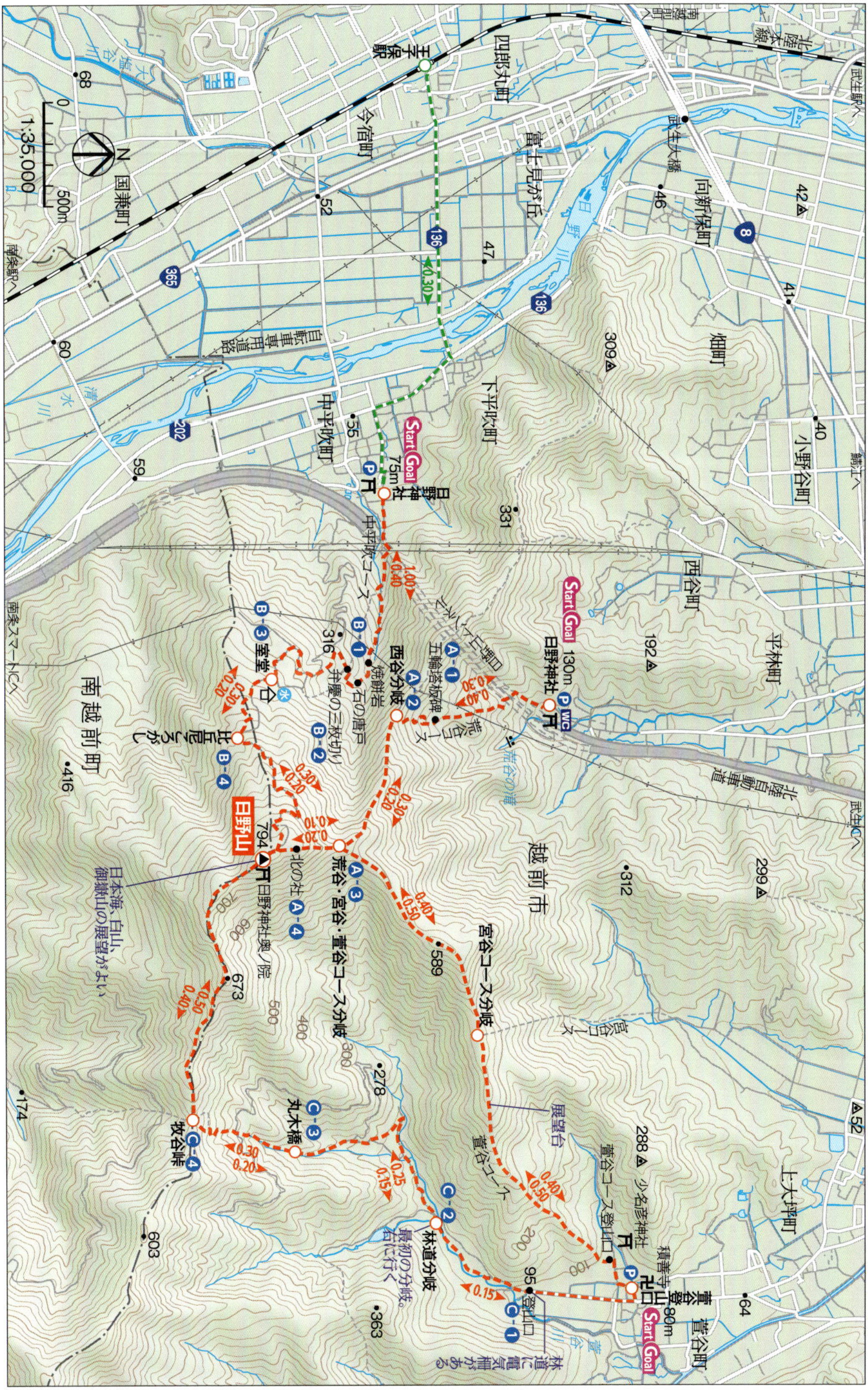

日野山
794
日野神社奥ノ院
日本海、白山、御嶽山の展望がよい
日野神社
75m
日野神社
130m
Start Goal
西谷分岐
比丘尼ころがし
室堂
荒谷・宮谷・萱谷コース分岐
宮谷コース分岐
林道分岐
最初の分岐。右に行く
丸木橋
牧谷峠
登山口
95
萱谷登山口
80m
林道に電気柵がある
展望台
萱谷コース
宮谷コース
荒谷コース
中平吹コース
五輪塔板碑
烏帽子岩
弁慶の三枚切り
石の唐戸
北の社
少名彦神社
積善寺
越前市
南越前町
王子保駅
北陸本線
北陸自動車道
自転車専用道路
日野川
四郎丸町
今宿町
富士見が丘
向新保町
国兼町
中平吹町
下平吹町
西谷町
平林町
畑町
小野谷町
上大坪町
萱谷町
1:35,000
0
500m
N

34

野見ヶ岳《のみがたけ》

山上に雨乞いの池がたたずむ

678m

日帰り

歩行時間＝3時間30分
歩行距離＝10・0km

技術度 1/5
体力度 1/5

コース定数＝19
標高差＝583m
累積標高差 ↗961m ↘961m

↑牧谷川上流から送電線が連なる野見ヶ岳を見上げる

←11月初旬、紅葉が美しい武周ヶ池

日野山《ひのさん》から南東に続く山並みの中にある野見ヶ岳には、山頂付近に武周《ぶしゅう》ヶ池という雨乞いの池がある。そのため、この山の所属をめぐって、北側の味《あじ》真《ま》野《の》村文室《ふむろ》と南側の北杣《きたそま》山《やま》村牧谷《まきだに》との争いが絶えなかったらしい。武周ヶ池は火口湖で、水の流れこみも流出もないのに池の水位が変化しないという。竜神が住み、干天が続くと近郷近在の農民が登って雨乞いをしたそうだ。岩谷《いわたに》（魚見《うおみ》）峠まで車を利用すると、武周ヶ池まで片道1・7キロだが、ここでは牧谷から送電線巡視路を使ったコ

■鉄道・バス
往路・復路＝JR北陸本線南条駅で下車後、筆黒（ひっくろ）橋の駐車場を目指す。上牧谷集落まで5キロ、約1時間。

■マイカー
北陸自動車道南条SICから県道203号で上牧谷集落を越える。牧谷川の筆黒橋そばに駐車場と登山案内板がある。

■登山適期
3～11月が適期。

■アドバイス
▽日帰り温泉と宿泊なら花はす温泉そまやま☎0778・47・3368がある。
▽7月上旬～8月上旬に「はすまつり」が花はす公園で開催される。この時期、園内には世界の花はす130種が咲き乱れる。

■問合せ先
南越前町役場☎0778・47・3000、南越前町役場観光まちづくり課☎0778・47・8013

■2万5000分ノ1地形図
武生・今庄・稲荷・古木

ースを歩いてみよう。**牧谷登山口駐車場**から牧谷川に沿って農道を進み、橋を渡って杉林の分岐を右に入る。ここが**登山道入口分岐**で、左手に巡視路登山口があり、全体に急な登りが続く山道だ。山頂まで送電線鉄塔は5本あり、**3本目の鉄塔**付近はきれいに切り開かれている。

4本目の鉄塔から山頂までの区間で、真っ赤な紅葉を見ることができる。5本目の鉄塔が**野見ヶ岳**山頂だ。

山頂から少し下ると、右手に分岐がある。そのまま直進すると文室に下りてしまうので気をつけたい。分岐を右に入ると、神秘的な武周ヶ池畔だ。周囲はブナの原生林で、新緑や黄葉の時期に訪れるとよい。尾根を岩谷（魚見）峠方面へと進めば、途中に**分岐**があり、約20分ほどで**岩谷山**を往復できる。

下山は分岐から岩谷峠を目指す。穏やかな山道をゆっくり下ればきれいなログハウスのある**岩谷峠**である。ログハウスは自由に使うことができるので、ゆっくり休息してもよい。ここから車道を下れば、**登山口の駐車場**まで1時間ほどだ。あらかじめ2台の車で来れば、1台をこちらへデポしておけばよいが、天候に恵まれれば、景色を眺めながら散策気分で歩くのも悪くない。途中から引き返す場合は、下りの急坂に注意が必要だ。

なお、岩谷峠までの県道203号は冬期閉鎖や工事のため通行止めがあるのであらかじめ問合せてほしい。

（山田哲雄）

CHECK POINT

登山口駐車場の標識

送電線巡視道を登っていく

黄葉がみごとな武周ヶ池のブナ林

岩谷（魚見）峠のログハウス

35

ホノケ山

北陸古道の面影が残る狼煙の山

ほのけさん
737m

日帰り

歩行時間＝2時間50分
歩行距離＝6・2km

技術度

体力度

越前市大塩町付近から見たホノケ山

ホノケ山山頂からは、日野山、白山、部子山などの大展望が広がる

コース定数＝14	
標高差＝502m	
累積標高差	617m
	617m

南越前町《みなみえちぜん》は河野《こうの》地区と南条《なんじょう》・今庄《いましょう》地区に分かれており、その分水嶺がホノケ山だ。山頂直下の菅《すげ》谷《たに》峠は、古来から河野と南条・武生《たけふ》を結ぶ重要な峠であった。山名は「火の気」から「ホノケ」へ転訛したものといわれ、古代の都と越の国の国府、府中（武生）との狼煙の火急便中継の要地で、「炎《ほの》ヶ嶽《たけ》」ともよばれたことからだろう。

登山口から30分ほど歩くと、瓜《う》生《りゅう》野《の》からの登山道と合流する。登山道はところどころで深くえぐられており、古から人馬で踏み固められた歩きやすい峠道だとわかる。途中の小さなピークに、「佐々生光林坊生害の地」という案内板がある。

山頂を目指していったん下っていくと、りっぱな林道に出る。峠

■鉄道・バス

往路・復路＝JR北陸本線武生駅下車後、タクシーで登山口へ。あるいはJR南条駅で下車後、徒歩で国道365号、305を号を経由、第2登山口まで約1時間30分。

■マイカー

北陸道武生ICを降りて国道8号を経由、国道365号を南下する。標識にしたがって鯖波で国道305号へ右折後、ホノケ山トンネルを目指す。トンネル手前右側に林道法建線分岐がある。狭い舗装林道を進むと第2登山口駐車場だ。国道8号からだと、桜橋交差点で国道305号に入り、ホノケ山トンネルを通り抜けると左側に林道分岐がある。南条SICで

紅葉まっさかりの高頭山のブナ林

CHECK POINT

古道の雰囲気に満ちた切通しの道

▼

電波塔やあずまやが建つ菅谷峠

▼

大展望が魅力のホノケ山山頂

▼

ホノケ山2等三角点（点名＝戸谷）

の広場にはあずまやと電波塔が建っており、これが現在の**菅谷峠**である。峠までは奥野々《おくのの》から簡易舗装された北谷林道を使って来ることもできる。また、峠から河野側の林道を進むと、反射板がある足谷山へ、ダートの林道をそのまま下ると河野に出る。

峠から再びブナ尾根の登山道を登ると、日野山《ひのさん》の眺めがよい切り開きがある。峠から約40分で**ホノケ山**に到着する。

下山は往路を戻るが、山頂からさらに先に進むと、いったん林道に出て再びブナ尾根を登れば高《たか》頭山《つむりやま》に行くことができる。往復40分ほどなので、時間があれば往復したい。

（山田哲雄）

降りれば南条駅前交差点左折して国道365号へ。第2登山口駐車場に4〜5台駐車できる。

■登山適期

3〜11月。特にブナの新緑の季節はすばらしい。冬期も登れるが、装備と天候に要注意。

■アドバイス

▽越前市瓜生野町からも深くえぐれた塩の道を味わうことができる。瓜生野コースで、登山口に案内板があるが、周囲には獣除高圧電線が張りめぐらされているので気をつけたい。車が2台あれば、奥野々から周回するとよい。

▽北陸道・北国街道の宿場町、今庄の宿は、南条駅からJRで二駅、宿場町のたたずまいと蕎麦の名所として知られている。

▽南越前町には3箇所の温泉があり日帰り入浴・宿泊可能。花はす温泉そまやま☎0778・47・3368、今庄365温泉やすらぎ☎0778・45・1113（2023年3月現在、令和4（2022）年8月の豪雨災害により休業中）、河野シーサイド温泉ゆうばえ☎0778・48・2388などがある。

■問合せ先

南越前町役場☎0778・47・3000

■2万5000分ノ1地形図

今庄

36

杣山

花はすの上にそびえる岩山

そまやま
492m

日帰り

歩行時間＝2時間15分
歩行距離＝5・3km

技術度

体力度

コース定数＝10

標高差＝364m

累積標高差 435m 435m

↑花はす公園から杣山を見上げる

←桜咲く春の杣山山頂

杣山は北側に切り立った断崖をもち、周囲に阿久和《あくわ》川、日野《ひの》川、田倉《たくら》川が流れる天然の要害で、南北朝のころの山城だった。山名の由来は、城主になった瓜《う》生衡《りゅうひとし》が城を改修するにあたって杣人を募集したところ、たくさんの杣人の応募があったので、短期間で修復が終わった。これを喜んで「杣山」とよんだと伝えられる。山麓には花はす公園があり、毎年7～8月の花蓮の開花時期には大勢の人が鑑賞に訪れる。登山コースは南《なん》

■鉄道・バス

往路・復路＝JR北陸本線南条駅が最寄り駅。6・4キロ、徒歩1時間で花はす公園。

■マイカー

北陸自動車道今庄ICから国道365号を北に向かい、鯖波で花はす公園の看板を右に入り、県道137号、202号で花はす公園駐車場。南条サービスICからは5分。

■登山適期

4～11月。冬期は積雪が多く、急斜面は雪崩に注意。春の花の季節と秋の紅葉の時期がおすすめ。

■アドバイス

▽紹介コースは岩稜を登る部分があるため、経験が必要。雨天時はおすすめできない。

▽岩稜歩きに自信のない場合は、文殊堂を経て登るコースが危険箇所がなくおすすめ。

▽第2登山口からさらに下流の第1登山口からは林道が続いていて、文殊堂コースの途中まで車で登ることができる。

▽宿泊・日帰り入浴なら花はす温泉そまやま☎0778・47・3368が利用できる。

■問合せ先

南越前町役場☎0778・47・3000

■2万5000分ノ1地形図

今庄

条《じょう》町側に3コース、今庄《いましょう》町社《やしろ》谷《だに》に1コースの計4コースあるが、ここでは姫穴《ひめあな》コースを登り、犬戻《いぬもど》し・駒返《こまがえ》しコースを下る周回ルートを紹介しよう。

花はす公園駐車場から県道202号を西へ歩くと10分ほどで**第2登山口**に着く。ここから発掘調査のための伐採地を進むと文殊堂への分岐だ。さらに荒れたキャンプ場を進むと、遊歩道との交差点に出る。角の休憩舎が目印となる。

ここから登山道に入る。谷筋の道をゆっくり登っていくと、岩壁のトラバース道になる。姫穴をすぎると急な岩場になり、あちこちに鎖やロープが設置されている。

尾根に出ると**西御殿跡**で、歩きやすい遊歩道になる。遊歩道脇にはところどころに地蔵が安置されている。途中に杣山城の落城時、姫や次女たちが飛び下りた袿掛岩《うちがけ》があるので立ち寄ってみよう。

杣山の広い山頂で休憩後、花はす温泉そまやま（杣山荘）へ下る。この犬戻し・駒返しコースには岩場やハシゴがあり、慎重な行動が求められる。階段が終わると杉林の林道歩きになり、杉林を抜けると花はす温泉そまやま脇の**第3登山口**に下り着く。（山田哲雄）

CHECK POINT

第2登山口からは山頂がよく見える

十字路のあずまやと案内板

眺望のよい袿掛岩だが、転落には要注意

犬戻し・駒返しのスリルある鉄バシゴ

37 今庄の宿を見下ろす山

藤倉山・鍋倉山

ふじくらやま　644m
なべくらやま　516m

日帰り

歩行時間＝4時間20分
歩行距離＝9.5km

技術度
体力度

コース定数＝20
標高差＝517m
累積標高差　↗877m　↘877m

八十八ヶ所弘法寺に参拝していこう

↑燧ヶ城址から今庄宿と日野山を望む

←ブナ原生林黄葉

今庄《いましょう》の宿はかつて北陸道・北国街道の要衝として栄え、鉄道が敷かれてからは、ここでスイッチバックの蒸気機関車を増結して山中《やまなか》峠越えを行ったという鉄道基地だった。北陸トンネルができてからは静かな旧宿場町になって、古い歴史を今に伝えている。この今庄の町を包みこむようにそびえたつ藤倉・鍋倉の「倉」は「厳しい岩壁」「磐座すなわち神の居られる場所」、または「神体山」としてあがめられたことを示し、平安時代には多くの寺院があったという。ここでは鍋倉山から藤倉山へ周遊するコースを紹介しよう。

今庄駅を出発、**八十八ヶ所登山口**の弘法寺《こうぼうじ》の駐車場から北陸本線沿いに湯尾《ゆのお》峠を目指す。峠付近は旧北陸道の雰囲気が色濃く残っている。**湯尾《ゆのお》峠**から石仏が並ぶ尾根道を登る。初夏は新緑、秋は紅葉が美しいところだ。アンテナの立

■**鉄道・バス**
往路・復路＝JR北陸本線今庄駅が最寄り駅。正面の道路を直進し突き当たりを右折、宿場町を徒歩15分で八十八ヶ所登山口。左折すれば5分で新羅神社の登山口。

■**マイカー**
北陸自動車道今庄ICから国道365号で敦賀方面に行き、今庄駅方面へ右折、跨線橋を渡って今庄駅前駐車場に駐車する（数十台駐車可能）。

■**登山適期**
4～11月。冬期、今庄は福井県有数の豪雪地であり、急斜面では雪崩の危険がある。しっかりした装備と天候判断が大切。

■**アドバイス**
▽下山後の入浴には花はす温泉そまやま☎0778・47・3368、今庄365温泉やすらぎ☎0778・45・1113（2023年3月現在、令和4（2022）年8月の豪雨災害により休業中）などが利用できる。

■**問合せ先**
南越前町役場☎0778・47・3000

■**2万5000分ノ1地形図**
今庄

つ地点で参道と合流、極楽《ごくらく》橋を渡って88段の階段を登ると八十八ヶ所**弘法寺**だ。

弘法寺から少し下ると、大きな送電線鉄塔が見える。急坂をがんばって登れば鍋倉西谷分岐となる。分岐から数分で**鍋倉山**に着く。三角点はなく、展望もよくないので、どこが山頂かわかりにくい。

いったん下ってみごとなブナ原生林を登ると、藤倉山の稜線分岐に出る。稜線分岐を右に行けば、ホノケ山に行くことができるが、一部やぶ尾根なので経験者向きだ。

分岐を左折してしばらくブナ林を進むと、アンテナがある**藤倉山**に立つ。北側の見晴らしがよく、今庄の町並みや日野山《ひのさん》を眺めながら昼食をとるとよい。

藤倉山からの下りは、最初は緩やかだが、しだいに急坂になる。燧ヶ城《ひうちじょう》址付近は、山城の遺構が残っている。ブナ林のジグザグ道を下り、カタクリ畑を通り抜けると**新羅《しらぎ》神社**に出る。宿場町の面影が残る今庄宿をのんびり歩いていけば、**今庄駅**に戻ることができる。

（山田哲雄）

CHECK POINT

旧北陸道の面影を残す湯尾峠

弘法寺手前にある岩屋不動明王の祠

鍋倉山は小さな標識だけ

藤倉山山頂で休んでいこう

北陸道・北国街道の要衝・燧ヶ城址

古代渡来人の祭祀を継ぐ新羅神社

38

敦賀湾を眼下に、越前海岸、若狭や奥越の山々などを一望する

西方ヶ岳・蠑螺ヶ岳

さいほうがだけ　764m
さざえがだけ　685m

日帰り

歩行時間＝5時間10分
歩行距離＝9・5km

技術度
体力度

コース定数＝22
標高差＝763m
累積標高差　935m　916m

↑左が西方ヶ岳、右が蠑螺ヶ岳

↑蠑螺ヶ岳登山道から見る敦賀湾と水島

敦賀《つるが》半島中央に位置する2山で、敦賀市郊外から見ると、敦賀湾の海から隆起しているので大きく見える。西方ヶ岳の山名は、敦賀湾の西だからだとか、西方極楽浄土によるなどといわれ、蠑螺ヶ岳は山頂の岩石がサザエの殻ようだからといわれている。ここでは安産の神社として人気の常宮《じょうぐう》神社から登り、敦賀原発のある浦底《うらそこ》への縦走ルートを紹介しよう。

常宮バス停で下車。常宮神社に参拝して集落内に入ると、西方ヶ岳を示す標識が立っている。農道から**山道に入り**、階段の急登を奥の院展望所へ。尾根筋の緩やかな登りに続いて平らな道を進むと最後の水場の**銀命水**だ。

岩や砂利土の急坂を登っていくと大きな**オウム岩**に着く。緩やかなブナ林の道となり、春先にはシュンラン、そのあとはササユリ、ツツジなどの花を愛でながら登ると**西方ヶ岳**に着く。東側の岩場から敦賀湾、越前《えちぜん》海岸、奥越《おくえつ》の山々、条件がよければ白山《はくさん》も見える。

避難小屋の左を進み、雑木林の中に2等三角点（点名＝西方ヶ岳）を確認して、蠑螺ヶ岳へ向かう。少し下って穏やかな尾根道を行く。左手に見えてくる**カモシカ台**の大岩は、昭和31年にカモシカが発見されたことから命名された。いまでも奥の院展望所から上部で時々見かけられている。初夏にはドウダンツツジやベニドウダンなども多い。

アップダウンの尾根筋を進み、急坂を登ると**蠑螺ヶ岳**頂上だ。3等三角点（点名＝螺ヶ嶽）があり、西方ヶ岳同様の展望が広がる。

下山は岩の横を通り、急坂を下る。巨岩が立ち並ぶピークを2、3箇所越えて尾根道を下ると、雑木林の中の水場、**長命水**に着く。平らな道を進み、尾根筋をしばらく下ると、敦賀湾の水島が美しい

■鉄道・バス
往路＝JR北陸本線敦賀駅下車、福

展望所だ。さらに雑木林の中道を下り、小さな小川を渡れば**林道登山口**に下り立つ。防災道路（建設中）を横断して、林道を県道まで下り、右に約500ﾄﾙで**浦底バス停**だ。（田路繁男）

CHECK POINT

1 起点となる常宮神社から出発する

2 カモシカ台の大岩

3 展望が広がる蠑螺ヶ岳山頂

4 浦底登山口で登山終了

鉄バス立石行きに乗り、常宮バス停で下車。

復路＝浦底バス停から同バスで敦賀駅へ。

■**マイカー** 北陸自動車道敦賀ICから右側道路へ入り、いったん国道8号、すぐ左へ入って県道33号を気比神宮、松原公園を通過し常宮神社、浦底を目指す。常宮神社は5、6台駐車できるが、狭いため入れないこともある。浦底側はバス停からさらに500ﾄﾙ先、左手林道入口の右前方の空き地と、林道と防災道路の交差点手前に駐車できるが、防災道路からの進入はバリケードで閉鎖されている（2023年2月現在）。

■**登山適期** 一年を通じて登れる。積雪の多い時はスノーシューやカンジキが必要。

■**アドバイス** ▽下山口の林道に下りる手前の登山道は粘土質のツルツルの道なので、スリップに注意したい。

▽近くに気比神宮、常宮神社、気比の松原などの観光名所があるので、下山時に立ち寄っていくとよい。

■**問合せ先** 敦賀観光案内所☎0770・21・8686、福鉄バス☎0770・22・1317

■**2万5000分ノ1地形図** 杉津

敦賀市内の砂流（すながり）付近から岩籠山を見上げる

39

岩籠山

山頂直下にインディアン平原が広がる山

いわこもりやま
765m

日帰り

歩行時間＝4時間25分
歩行距離＝6・5km

技術度 ■□□□□
体力度 ■□□□□

コース定数	＝19
標高差	＝655m
累積標高差	↗ 819m ↘ 761m

岩籠山は野坂岳《のさかだけ》、西方《さいほう》ヶ岳《たけ》と並んで、「敦賀《つるが》三山」とよばれ、多くの人に登られている。山頂付近には「インディアン平原」と名づけられた平坦地の大きな露岩からの展望がある。市橋《いちはし》からの沢コースは徒渉や滝を見ながら、駄口《だぐち》コースや山《やま》コースは新緑や秋の紅葉と、さまざまに楽しむことができる。市橋コースを登り、駄口コースへ下るコースを歩いてみよう。

登山口から林道を進み、休耕田横の林道終点から山道に入る。左側に沢が流れる雑木林の道は、やがて沢に行き当たる。何度か徒渉を繰り返し、いくつかの滝を見ながら苔むした**堰堤**を越える。夏には堰堤にイワタバコが咲く。

沢が終わると、やがてブナ林の山道となり、ジグザグの急坂を稜線に出ると**分岐**となり、山《やま》コースと出合う。左折して下り気味に進み、ブナの大木の横を行く。

ブナ林と雑木林の道を小さく上下して進み、山頂への分岐を左にわずかで3等三角点（点名＝嵐山）の**岩籠山**山頂だ。野坂岳、西方ヶ岳、日本海、敦賀市街、若狭《わかさ》、越《えち》前《ぜん》、湖北の山々、琵琶湖、白山《はくさん》など、360度の展望が広がる。

下山は駄口コースを行く。急坂を下り、鞍部から少し登ると、クマザサとススキの原が広がる**インディアン平原**に着く。巨岩が並ぶ平原でしばらく休んでいこう。

分岐に戻り、さらに急坂を下り、ブナ林の尾根道を登る。途中、左側が大きく崩落した箇所では道が右側につけ替えられている。

気持ちのよい尾根を進むと、左の支尾根へ下る分岐に着く。主尾根は乗鞍岳《のりくらだけ》へ続くが、夏道はない。左折して雑木林の中を下る。急坂で、岩場も出てくるが、岩場は短

■**鉄道・バス**
往路＝JR北陸本線新疋田駅下車。徒歩で市橋登山口まで2・8キロ、30分。
復路＝駄口登山口から新疋田駅へ。5キロ、50分の距離。
山登山口＝JR北陸本線敦賀駅からコミュニティバス山線で山バス停へ。

■**マイカー**
北陸自動車道敦賀ICから国道8号を南下し、市橋交差点右折し市橋登山口へ。駄口コース登山口へは、国道161号へ右折し5キロで右手にドライブイン「しのはら」、左手に駐車場があり、20台程度駐車可。山登山口へは国道27号、県道211号で山集落の駐車場へ。3、4台駐車できる。

■**登山適期**
4～11月。年間を通して登られているが、市橋コースは沢筋なので積雪時は避けよう。

■**アドバイス**
▽熊やシカ、サル、イノシシに遭遇することもあるので注意したい。
▽敦賀市内にニューサンピア敦賀☎0770・24・2111、越のゆ敦賀店☎0770・21・4126、リラ・ポート☎0770・24・1126ほかがあり、日帰り入浴できる。

■**問合せ先**
敦賀観光案内所☎0770・21・8686

■**2万5000分ノ1地形図**
敦賀

く、ロープもあるので、ゆっくり通過すれば問題はない。
雑木林と植林の間を下ると、右側の沢への分岐に着く。沢沿いの道を獣除けフェンスに沿って進んでいけば、国道161号の**駄口登山口**だ。（田路繁男）

サブコース 山コース

登山口の駐車場から左の橋を渡り、川沿いの道を進む。獣除けフェンス扉のある地点で橋を渡り、雑木林へ。フェンスの扉が開かない時は農道を直進して、突き当たりを右へ行く。堰堤下の橋を渡り、2つの堰堤を越えて、雑木林の中を登る。約50分で平らな**野坂岳展望所**に着く。尾根筋の雑木林の道を進むと岩があり、ロープを越えてから右へトラバース気味に進む。クマザサやススキの間にマツのが点在する日本庭園風の場所をすぎ、ススキの原を抜けると**夕暮山**はすぐ。反射板横を通り、下っていくと**分岐**があり、左から市橋コースが出合う。

山コース登山口に祀られる山の神

岩籠山頂からインディアン平原を見下ろす

CHECK POINT

1 市橋コースの滝

2 市橋コースの徒渉点

3 岩籠山頂上

4 インデアィン平原

40

ドウダンツツジの群落と琵琶湖展望の山

三国山・赤坂山

みくにやま　876m
あかさかやま　824m

日帰り

Ⓐ黒河峠コース　歩行時間＝3時間25分　歩行距離＝8・7km　技術度　体力度
Ⓑ折戸谷コース　歩行時間＝4時間30分　歩行距離＝9・8km　技術度　体力度

コース定数＝Ⓐ18Ⓑ21
標高差＝Ⓐ306mⒷ546m
累積標高差　Ⓐ↗829m↘829m　Ⓑ↗959m↘959m

赤坂山から見る三国山と明王ヶ禿

明王ヶ禿から赤坂山を見る

三国山は越前《えちぜん》・若狭《わかさ》・近江《おうみ》の国境が交わる場所にあるのが山名の由来だという。その三国山の南に位置するのが赤坂山で、全体がササで覆われ、丸く柔らかい優しい山容をしている。両山を結ぶ稜線の途中にある明王《めいおう》ノ禿《はげ》は岩が屹立し、アルペン的風貌で知られている。登山路は山の東西にあり、東側の黒河《くろこ》林道、西側の折戸谷《おりとだに》林道を経由する2コースを紹介しよう。

Ⓐ黒河峠コース

黒河峠登山口から、新緑の中、ヤマボウシやイワウチワを見ながら、尾根に出ると、琵琶湖が見える。小さな沢を渡ると、右側に三国山分岐標識があり、雑木林の中を登る。サラサドウダンの木があちらこちらにある。

分岐を右に、階段の急坂を登ると**三国山**頂上。2等三角点（点名＝三國嶽）があるが、樹木が大きく、展望はよくない。

分岐まで戻ると、平坦な道が続き、サラサドウダンを鑑賞しながら歩く。正面に明王ノ禿が見える地点に出たらアルペン的な雰囲気になる。階段の急坂を登り、**明王ノ禿**へ。崩落が激しいのでクサリの防護柵から前に行かないこと。

一度下って、ササの中道を登ると**赤坂山**頂上で、琵琶湖、竹生《ちくぶ》島、比良《ひら》の山並み、若狭湾など360度の展望が楽しめる。

下山は往路を下る。

Ⓑ折戸谷コース

折戸谷林道の**赤坂山登山口**から杉林の中をジグザグに登る。広葉樹林の尾根筋は新緑と紅葉など時期に応じて楽しめる。やがて尾根が開けてくると、送電鉄塔が見え

コースの随所で見られるサラサドウダン

■鉄道・バス
往路・復路＝両コースともJR北陸本線敦賀駅またはJR小浜線美浜駅からタクシー利用となるが、距離が

て粟柄越《あわがらごえ》に着く。滋賀県マキノからの道と合流し、尾根筋を右へ行けば大谷山へ、赤坂山は左に向かう。すぐに岩をくり抜いて安置された石仏に出会い、よく踏まれた尾根筋の道を登ると**赤坂山**頂上に到着する。（田路繁男）

CHECK POINT―Ⓐ黒河峠コース

1 黒河峠登山口を出発する

2 三国山分岐右に三国山へ

3 木々が繁る三国山頂上

4 崩落が続く明王ノ禿

CHECK POINT―Ⓑ折戸谷コース

1 折戸谷林道赤坂山登山口

2 広葉樹の道を粟柄越へ

3 県境尾根の粟柄越

4 展望抜群の赤坂山山頂

あり現実的でない。

■マイカー

Ⓐ舞鶴若狭自動車道敦賀西ＳＩＣから県道２１１号を山集落へ向かい、黒河林道を黒河峠を目指す。峠には駐車場、トイレが設置されていて、登山口には看板と赤坂山歩道の標識がある。黒河林道が通行止めの場合は、滋賀県マキノ側の白谷林道を利用して黒河峠へ登れる。

Ⓑ舞鶴若狭自動車道美浜ICから国道27号、県道２１３号で新庄の松屋集落を目指す。ここから粟柄河内谷林道を進み、約２㌔付近から折戸谷林道を走ると右手に登山口がある。

■登山適期

4〜11月。新緑のころから紅葉の晩秋までがよい。

■アドバイス

▽黒河峠コースの湿地の木道付近には6月下旬にキンコウカが咲く。

▽サラサドウダンは5月中旬〜6月上旬ごろがよい。

▽新庄に渓流の里☎０７７０・32・５５８０があり、釣りが楽しめる。

▽付近の観光スポットとしては三方五湖が有名。

■問合せ先

美浜町役場☎０７７０・32・１１１１、敦賀市役所☎０７７０・21・１１１１

■２万５０００分ノ１地形図

駄口

41

「敦賀富士」とも称される眺望の山

野坂岳《のさかだけ》

913m

日帰り

歩行時間＝4時間15分
歩行距離＝10・1㎞

技術度
体力度

コース定数＝21	
標高差＝840m	
累積標高差	↗ 974m
	↘ 970m

敦賀市内の砂流付近から見る野坂岳

12月、厳冬の頂上から白山を遠望する

JR北陸本線敦賀《つるが》駅から南西にそびえる山が野坂岳だ。平重盛が「見るたびに富士かとぞ思う野坂山いつも絶やせぬ峰の白雪」と詠んだと伝えられるように、見る方向によっては富士山型の美しい形で、親しみを覚える。古くから「御《み》嶽《たけ》参り」と称して登られており、水場のトチの木地蔵や行者岩、頂上避難小屋には権現神社の祠がある。ここではいこいの森から登り山《やま》集落へ下るコースを紹介しよう。

JR小浜《おばま》線粟野《あわの》駅から徒歩約40分、野坂いこいの森にはトイレやバンガロー、キャンプ場もある。**登山口**は山側の松林の中で、すぐに杉の植林になる。沢沿いの道を登り、3回ほど徒渉すると**トチの木地蔵**に着く。おいしい水が流れている。

水場から尾根筋に向かって、ジグザグに登る。積雪期のアンテナコース分岐からしばらく登ると右手に行者岩がある。さらに登るとベンチのある**一《いち》ノ岳《だけ》**の展望所だ。

ジグザグに進み、やがて穏やかなブナの尾根道となる。二《に》ノ岳《たけ》付近は新緑から紅葉の晩秋まで楽しめる。三《さん》ノ岳《たけ》から急坂を登り、避難小屋をすぎると**野坂岳**頂上で、1等三角点（点名＝野坂岳）がある。360度の展望が楽しめ、若《わか》

■鉄道・バス
往路＝JR小浜線粟野駅下車。登山口へは徒歩約40分。
復路＝山バス停からコミュニティバスで敦賀駅へ。

■マイカー
いこいの森登山口へは北陸自動車道敦賀ICから国道8号、27号を経て県道225号、143号からいこいの森へ。駐車台数は多数。山登山口へは北陸自動車道敦賀ICから国道8号、27号を経て県道225号、21号で山集落アラ谷林道へ。林道終点に数台の駐車スペースがある。

■登山適期
通年登られているが、一般には4～11月。冬期は充分な装備で出かけること。

8月に咲くナツエビネ

■アドバイス
▽野坂いこいの森☎0770・24・0052にはバンガロー、キャンプ場がある。
▽市野々の柴田氏庭園☎0770・22・8167（敦賀観光協会）は国

狭《さ》から琵琶湖、奥越《おくえつ》の山、条件がよければ白山《はくさん》も望める。

下りは山（林道アラ谷線）コースを下る。頂上から南の琵琶湖方向の道を進む。なだらかな粘土質の道を下り、初夏にはヤマボウシで白くなる平坦な尾根を抜け、797《メートル》のピークで左折すると、雑木林の急坂を下る。

主稜線分岐でブナ林の道を直進すれば葦谷《あしたに》山《やま》へ向かうが、ここは左の支尾根を下る。以前はここにもブナの大木が数多くあったが、送電線の下部を伐採したため、寂しい尾根になってしまった。鉄塔の下を右へ下り、沢沿いの道を進む。2回徒渉したところが**アラ谷林道終点の登山口**で、作業小屋がある。ここから**山バス停**へ約20分だ。

（田路繁男）

上：主稜線のブナ林

下：紅葉のみごろは11月

CHECK POINT

1 いこいの森登山口

2 水場のトチの木地蔵

3 休憩によい一ノ岳の展望所

4 ニノ岳はブナ林の休息所

5 野坂岳頂上の1等三角点

6 アラ谷林道終点登山口

の名勝指定を受けている。

■問合せ先
敦賀観光案内所☎0770・21・8686

■2万5000分ノ1地形図
敦賀

42 御嶽山《おたけやま》 548m

国吉城の後背地にあり、戦国時代の激戦地だった山

日帰り

歩行時間＝2時間55分
歩行距離＝4・5km

技術度
体力度

コース定数＝13
標高差＝518m
累積標高差 605m 580m

4月、芽吹きの季節の宮代から見上げた御嶽山はまさに「山笑う」雰囲気だ

頂上から東美浜・敦賀半島方向を俯瞰

御嶽山は戦国時代、織田信長の重要拠点であった国吉《くによし》城の尾根続きにあって、重要な山であった。敵対していた越前《えちぜん》朝倉勢はたびたびこの城を攻めているが、10年間にわたりもちこたえ、逆に信長の朝倉攻めの際はここで信長が指揮をとり、国吉勢が朝倉の宝物を略奪したといわれている。この山は、地形図には「御岳山」と記載されているが、地元では「御嶽山」とよんでいる。北側には以前耐火煉瓦の原料となる青白珪石採掘跡の崖が見える。国吉城跡コースから登って、宮代《みやしろ》コースを下ってみよう。

登山口の若狭《わかさ》国吉城歴史資料館駐車場を出たら、藩士屋敷跡横を小川沿いに進む。歴史資料館前を左へ、城主居館跡横が登山道入口。登山道両側のシャガ群生地をすぎて獣侵入防止柵のフックをはずして先に進む。

階段状のジグザグの急坂を登り、尾根近くになると、城遺構の

■**鉄道・バス**

往路＝JR小浜線美浜駅下車、国道27号を東進し、右手の美浜町佐柿の国吉城歴史資料館へ。2・6㌔、30分。
復路＝弥美神社の宮代コース登山口から宮代集落を通り、美浜駅へ。2・9㌔、35分。

■**マイカー**

若狭国吉城歴史資料館駐車場へは、舞鶴若狭自動車道美浜ICから国道27号を舞鶴方向へ向かい、美浜町佐柿で左折。宮代コースへは、河原市交差点で左折し、1・4㌔で宮代方向へ左折し、集落を抜けて弥美神社駐車場へ。

若狭国吉城歴史資料館

■**登山適期**

4～11月。一年中登れるが、積雪期にはカンジキかスノーシューが必要。

5月に花期を迎えるシャガ

■**アドバイス**

▽登山口付近のシャガは5月が見ご

CHECK POINT

城主居館跡登山口

石碑と三角点のある城山の本丸跡

この岩に出合うと山頂はすぐ

広葉樹の疎林の中の御嶽山頂上

林道終点登山口

弥美神社左側に登山口がある

石垣や土塁、堀切などが現れる。広場が**城山**で、国吉城本丸跡の石碑と4等三角点（点名＝徳賞寺）がある。

尾根筋を数メートル下ったあと、登りに変わる。ヒノキやアカマツが混在する雑木林の切り開かれた道を登り、**テレビ中継局のある広場**へ。美浜町太田からの以前珪石採掘時の林道がここまで続いているが、荒れている。

約200メートルで林道と分かれ、右の雑木林の尾根へ向かう。珪石鉱山遺物のトロッコ車輪、レール、ワイヤなどが散乱し、大きな岩が出てくる。少し登ると北側が開けた**御嶽山**だ。東美浜から敦賀半島が展望できる。

下山は宮代コースへ向かう。頂上から西に進み、雑木林の急坂を下る。やがて荒れた植林地となるが、踏跡を見失わないように注意したい。**林道**に出て下り、イノシシ防止柵を越えて弥美《みみ》神社横を通って**宮代登山口**へ。（田路繁男）

ろ。
▽車なら帰路に三方五湖で観光を楽しむとよい。
▽近くには若狭三方縄文博物館☎0770・45・2270、福井県立年縞博物館☎0770・45・0456（縄文ロマンパーク）などがある。

■問合せ先
美浜町役場☎0770・32・1111、美浜タクシー☎0770・32・1133

■2万5000分ノ1地形図
三方

43 大谷山

おおたにやま 814m

高原状の尾根筋から琵琶湖や白山連峰が展望できる

日帰り

Ⓐ粟柄越コース 歩行時間＝5時間25分 歩行距離＝11・6km 技術度 体力度

Ⓑ粟柄河内谷林道終点コース 歩行時間＝1時間30分 歩行距離＝5・6km 技術度 体力度

コース定数＝Ⓐ**24**Ⓑ**8**

標高差＝Ⓐ525mⒷ229m

累積標高差 Ⓐ↗1036m↘1036m Ⓑ↗379m↘379m

マキノ石庭分岐付近から大谷山へは青々とした草原が広がる

↑大谷山山頂からは360度の展望が広がる

←大谷山山頂の草原。琵琶湖がよく見える

大谷山は福井県美浜《みはま》町と滋賀県高島《たかしま》市との県境にあり、3等三角点（点名＝八十千岳）の山だ。粟《あわ》柄越《がらごえ》コースと粟柄河内谷《こうちだに》林道コースがあり、それぞれを紹介しよう。

Ⓐ粟柄越コース

折戸谷《おりとだに》林道の**大谷山・赤坂山《あかさかやま》登山口**から斜面につけられた階段を登り、杉林から急坂の雑木林に入る。ジグザグの急登を終えると緩やかな道になり、整備されて歩きやすくなる。

小さな沢を渡り、よく踏まれた峠道を登っていくと**粟柄越**に着き、滋賀県マキノからの道と合流する。左の尾根筋を行けば赤坂山だが、ここでは右側の大谷山へ向かう。道は高原状の緩い登り下りで、琵琶湖が見わたせ、家族でのハイキ

■**鉄道・バス**

ⒶJR小浜線美浜駅下車、タクシーで県道213号を南下し、新庄の松屋集落・渓流の里で粟柄河内谷林道へ入る。さらに分岐から折戸谷林道へ。美浜駅から12・5㌔、30分。Ⓑ折戸谷林道分岐をすぎて粟柄河内谷林道の終点まで入る。美浜駅から20・5㌔、1時間。

■**マイカー**

Ⓐ粟柄越コース登山口へは、舞鶴若狭自動車道美浜ICから国道27号を西に向かい、河原市交差点で左折して県道213号を南下する。新庄の松屋集落・渓流の里で左へ折れ、粟柄河内谷林道を約2㌔で折戸谷林道に入り、約1・7㌔で大谷山・赤坂山登山口の標識がある。

Ⓑ粟柄河内谷林道終点登山口へは、分岐を通りすぎて終点まで走る。

■**登山適期**

4～11月。春の新緑のころから紅葉の晩秋まで楽しめる。

■**アドバイス**

▽山麓の松屋地区に渓流の里☎0770・32・5580があり、釣りやバーベキューが楽しめる。

■**問合せ先**

美浜町役場☎0770・32・1111、美浜タクシー☎0770・32・1133

■**2万5000分ノ1地形図**

海津

ングにもよい。
やがて**寒風山**《かんぷうざん》に着く。ここでもマキノスキー場からの登山道が合流する。天気がよければ、白山《はくさん》連峰が展望できる。
寒風山をあとに、一、二度下って、登り返すと**大谷山**だ。りっぱな標識が立っていて、360度の展望が楽しめる。
下山は往路を下る。

Ⓑ粟柄河内谷林道終点コース

折戸谷林道の分岐を右へ直進して約8キロで林道終点に着く。右側へ行けば大《おお》御影山《みかげやま》登山口だが、反対の左側に**大谷山登山口**標識がある。ブナ林の急坂をジグザグに登る。尾根筋に出てもブナの美林が続き、雑木林に変わって少し進むと石が散乱する、庭園のような**マキノ石庭**《いしば》**への分岐**に着く。ここからは、小さなアップダウンを10分ほど続けて登っていくと**大谷山**頂上に登り着く。

（田路繁男）

CHECK POINT — Ⓐ粟柄越コース

1 折戸谷の登山口から階段を登って粟柄越を目指す

2 粟柄越は広い草原で、右に寒風山へ向かう

3 寒風山はその名通り、風が吹き抜ける山頂

CHECK POINT — Ⓑ粟柄河内谷林道終点コース

1 左側が大谷山の粟柄河内谷登山口

2 マキノ石庭分岐。山頂まで10分だ

3 秋はとりわけ眺望がよい。11月の大谷山頂上

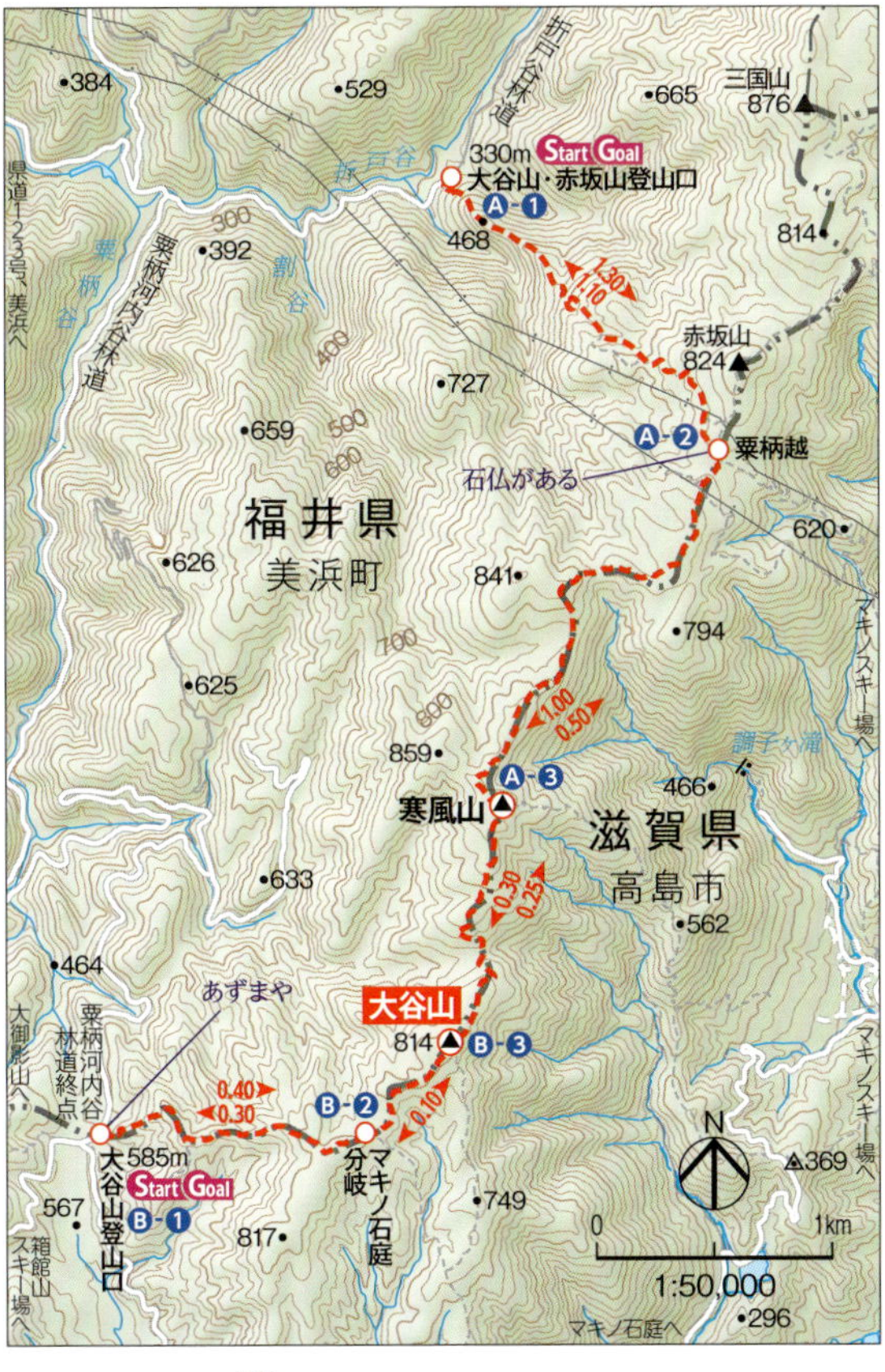

イワカガミ（5月）

紅葉（11月）

44

コース途上から三方五湖を展望する山

雲谷山

くもたにやま
786m

日帰り

Ⓐ三方石観音コース　歩行時間＝4時間45分　歩行距離＝9.7km　技術度　体力度

Ⓑ岸名記念碑コース　歩行時間＝3時間　歩行距離＝7.6km　技術度　体力度

コース定数＝Ⓐ21 Ⓑ15

標高差＝Ⓐ711m Ⓑ700m

累積標高差 Ⓐ ↗925m ↘925m
Ⓑ ↗711m ↘711m

雲谷付近から雲谷山

雲谷山は若狭《わかさ》町と美浜《みはま》町の町境にあり、若狭町側の登山口は三方《みかた》石《いし》観音横にある。三方石観音の本尊は弘法大師作と伝えられる。手足のけがや病気に御利益があるということで、境内の御手足堂には全快した人たちが奉納した木製の手や足がうず高く積まれている。

第三展望台から三方五湖を展望する

Ⓐ三方石観音コース

三方石観音参道を登り、本堂の右横が**登山口**で、標識がある。道は雑木林の急斜面をジグザグに登ると、約15分で**第一展望台**、さらに約15分で**第二展望台**で、いずれも三方湖や水月湖の眺めがすばらしい。林道が付近まで登っている。約15分で**第三展望台**。ここからは三方五湖全部を見わたすことができる。

尾根上の遊歩道を進むと左へ入る登山道があり、標識が立っている。尾根筋のアップダウンを数回繰り返し、展望のきかない雑木林の中を進む。

小ピークを越えると、右手に水場があり、さらに進むと大きな岩に出合う。歩きあきてきたころに広葉樹林となり、ようやく**雲谷山**頂上だ。2等三角点（点名＝雲谷）があるが、展望はよくない。

下山は往路を下る。

Ⓑ岸名《きしな》記念碑コース

岸名記念碑右側（西側）の農道を進む。上流終点付近にイノシシ防止柵があり、通過したら扉を戻すこと。杉林に入るとすぐに**登山口**の標識が立っている。まもなく右側の巡視路を尾根に向かって登る。

杉林を進むと右手に送電鉄塔が見える。15分ほど急登して尾根に出るとアカマツが点在し、急登、細い尾根、こぶを越える。展望はないものの気持ちのよい尾根だ。

登山口から約1時間で**下向山《したむきやま》反射板**に出る。やがて展望が開け、三国山《みくにやま》、赤坂山《あかさかやま》、野坂岳《のざかだけ》、岩籠山《いわごもりやま》や新庄《しんじょう》方面が見える。木の橋を渡り、樹林帯を進むとほどなく分岐

■**鉄道・バス**

ⒶJR小浜線三方駅下車、国道27号を北上し、右手の三方石観音まで約1キロ、10分。ⒷJR小浜線美浜駅下車、徒歩で南下し、耳川上流で岸名集落岸名記念碑を目指す。6キロ、1時間10分。

■**マイカー**

Ⓐ舞鶴若狭自動車道三方ICから国道

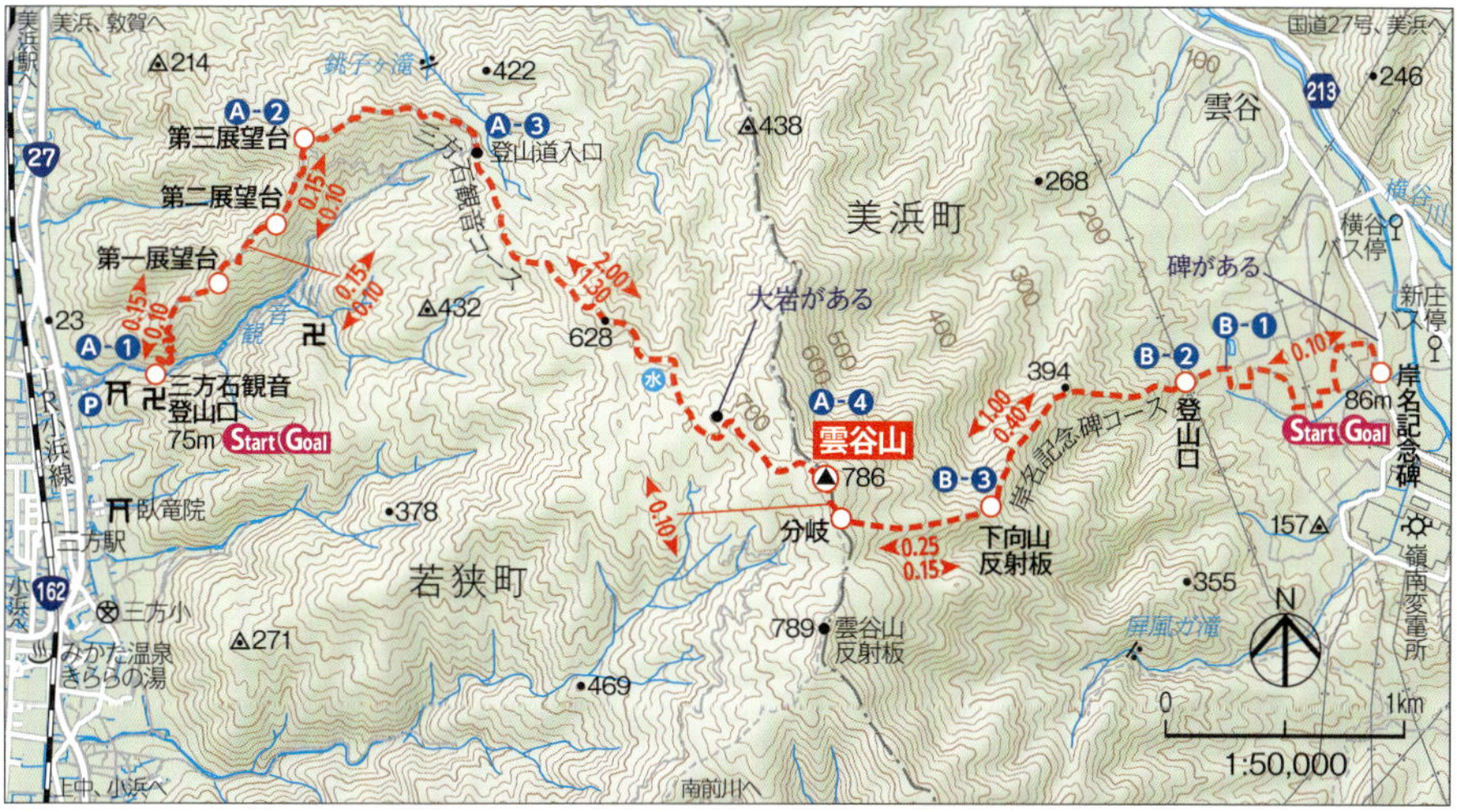

CHECK POINT－Ⓐ三方石観音コース

朱の欄干が美しい三方石観音参道

ウッディな第三展望台の休息舎

遊歩道から左に登山道に入る

雲谷山頂上は2等三角点だが眺望はない

CHECK POINT－Ⓑ岸名記念碑コース

岸名コース防獣柵。開けたあとは必ず閉めること

杉木立の中の岸名コース登山口

下向山反射板をすぎると展望が開けてくる

となり、左から道が合流する。この先、少し進むと再び**分岐**となり、右側を登る。落葉樹林の中を進むと約10分で**雲谷山**頂上へ着く。（田路繁男）

27号を南下、三方石観音標識で左折し駐車場へ。三方五湖ＳＩＣからも近い。

Ⓑ舞鶴若狭自動車道若狭美浜ICから国道27号を西へ向かい、ＪＲ美浜駅前で左折、新庄方向へ広域農道を南下、岸名記念碑前に駐車する。

■登山適期

4～11月。積雪期は避けて、春の芽吹きから秋の紅葉のころがよい。

■アドバイス

▽三方石観音境内の拝観は自由。

門前にある刻つげ鶏横の妙法の滝には小さな不動明王が鎮座する

▽三方駅から徒歩10分にみかた温泉きららの湯☎0770・45・1126がある。

■問合せ先

若狭町三方庁舎☎0770・45・1111、美浜町役場☎0770・32・1111

■2万5000分ノ1地形図

三方

45 大御影山

地形図に山名のない若狭の最高峰

おおみかげやま
950m

日帰り

Ⓐ能登又谷コース 歩行時間＝3時間30分 歩行距離＝4・6km 技術度 体力度

Ⓑ粟柄河内谷林道コース 歩行時間＝2時間40分 歩行距離＝7・0km 技術度 体力度

コース定数＝Ⓐ15Ⓑ12

標高差＝Ⓐ660mⒷ365m

累積標高差 Ⓐ↗724m↘724m Ⓑ↗494m↘494m

若狭《わかさ》の最高峰だが、地形図には山名の記載がない。はじめて登る人には不安だが、若狭の能登野《のとの》と近江の酒波《さなみ》を結ぶ近江坂の古道の中にあり、ブナの原生林が美しい。北側の能登又谷《のとまただに》コースと東側の粟《あわ》柄河内谷《がらこうちだに》林道コースを紹介しよう

Ⓐ能登又谷コース

JR小浜《おばま》線美浜《みはま》駅から車で耳川《みみ》沿いの県道213号を南へ行く。新庄《しんじょう》集落をすぎ、松屋《まつや》集落のはずれで粟柄河内谷林道を左に分けて、右の能登又谷へ入り、林道終点が**登山口**となる。

すぐに尾根道に入り、約10分で小沢を徒渉して、急斜面につけられたジグザグ道を登る。ブナの大木が多い登山道は下草が生えていないので歩きやすい。

約1時間で**県境稜線**の能登又谷

イチリンソウ

■鉄道・バス
ⒶJR小浜線美浜駅下車、タクシーを利用して県道213号から能登又林道終点登山口まで12㌔。
Ⓑ能登又林道分岐を左に入り、分岐から約10㌔で粟柄河内谷林道終点。

■マイカー
舞鶴若狭自動車道の美浜ICから国道27号を小浜方面へ、美浜町から県道213号を松屋集落を目指す。さらに能登又谷林道へ向かい、終点が登山口。粟柄河内谷林道登山口へは能登又林道との分岐を左へ行き、約10㌔で林道終点登山口。

■登山適期
4～11月。積雪時は避け、林道の除雪が終わった、樹木の芽吹きのころから紅葉の季節がよい。

■アドバイス
▽麓の松屋集落に渓流の里☎0770・32・5580があり、釣りや料理が楽しめる。
▽三方五湖めぐりをして、みかた温泉きららの湯☎0770・45・1126などで入浴もできる。

CHECK POINT—Ⓐ能登又谷コース

1 能登又谷登山口標識

2 能登又谷登山口徒渉点

3 大御影山頂上の標識

CHECK POINT—Ⓑ栗柄河内谷林道コース

1 栗柄河内谷林道終点

2 涼しげな尾根のブナ林

3 尾根筋の近江坂古道

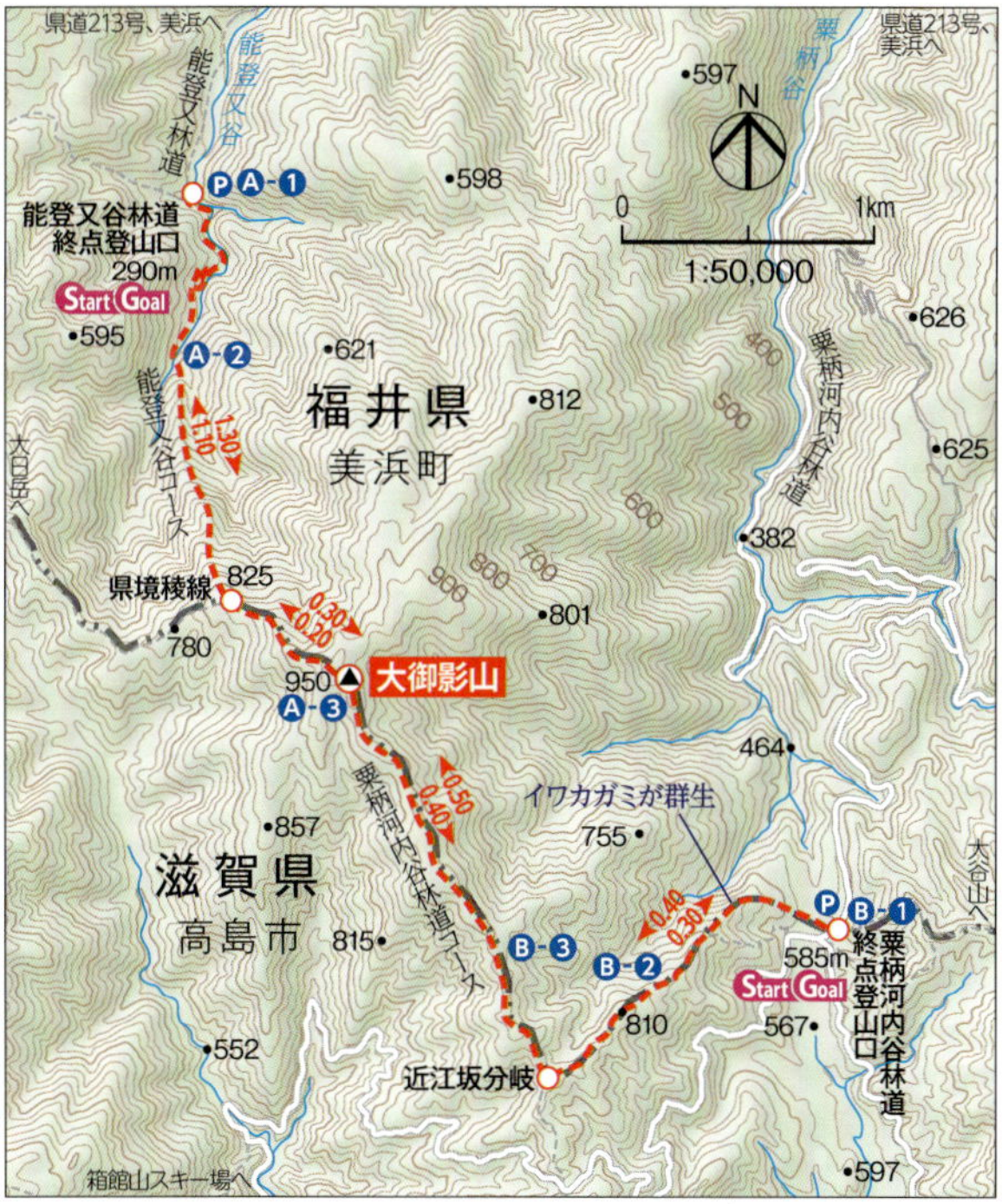

分岐に着く。右側は大日岳《だいにちだけ》方面で、ここは左側へ進む。道はえぐれた近江坂《おうみざか》古道となる。反射板をすぎると、すぐに**大御影山**に着く。3等三角点（点名＝野呂尾）があり、美浜町の集落や若狭湾、三方《みかた》五《ご》湖が望まれる。

新庄付近から大御影山を望む。名前にふさわしいおおらかな稜線だ

Ⓑ栗柄河内谷林道コース

能登又林道分岐を左に入り、分岐から約10キロで栗柄河内谷林道終点に着く。林道右側が**登山口**だ。林道を少し進むと、右側に登山道入口がある。山腹を横切るように登ると県境尾根になる。ブナ林の中をしばらく進むと、県境尾根の**近江坂分岐**で、高島《たかしま》市からくる近江坂古道に出合う。すぐ下に河内谷林道がある。

右に折れてブナ林の尾根の掘割状になった近江坂古道を行く。春の新緑や秋の紅葉のころがよい。歩きやすい道をブナ林の森林浴を楽しみながら進むと、右側に**大御影山**の標識がある。（田路繁男）

■問合せ先
美浜町役場☎0770・32・1111、美浜タクシー☎0770・32・1133
■2万5000分ノ1地形図
三方・熊川

46 三十三間山

京都三十三間堂の棟木を伐り出したという

さんじゅうさんげんやま
842m

日帰り

歩行時間＝5時間40分
歩行距離＝11.9km

技術度
体力度

コース定数	＝24
標高差	＝752m
累積標高差	↗969m ↘969m

北山麓の能登野付近から見上げる三十三間山

芝の広場から三方五湖を見下ろす

三十三間山は若狭《わかさ》と近江《おうみ》の国境の山であり、長寛2（1164）年に京都の三十三間堂が創建された際、その棟木がここから切り出されたと伝えられていることから、この名でよばれるようになったという。倉見《くらみ》コースを登り、能登《のと》野《の》林道に下るコースを紹介しよう。

倉見コース登山口の駐車場から川沿いの林道を進む、イノシシ防止柵を開けて杉林に入る。ほどなく右手に登山口の標識、左に**風神の滝**がある。さらに作業道を進むと、**最後の水場**で小さな橋を渡り、左の斜面をジグザグに登る。

支尾根を登り、植林帯を抜けると、アカマツが点在するブナなどの広葉樹林となる。見え隠れする三方五湖《みかたごこ》を眺め、しばらく登ると枯れた松がある。**夫婦松**《めおとまつ》だ。

比較的広い尾根筋は、シカの食害で下草がなくなり、見通しがよく歩きやすい。**風神**の標識に出合うと、右手約10㍍に石碑がある。すぐに尾根へ出て、ススキとクマザサの中をかき分けるように進む。

クマザサ帯を抜けると広場に着く。見晴らしがよく、十村《とむら》集落や三方五湖、若狭湾が見える。続いて樹木の中をわずかに登ると**三十三間山**頂上に登り着く。2等三角点（点名＝三十三間）があるが、ブナなどの樹木が大きく、

■鉄道・バス
往路＝JR小浜線十村駅下車、県道145号を東に向かい、国道27号を横切って能登野集落へ。その後、広域農道を成願寺・倉見集落を経て倉見駐車場登山口へ。
復路＝能登野林道の登山口から広域農道を横切って能登野集落を通って十村駅へ。

■マイカー
倉見駐車場登山口へは、舞鶴若狭自動車道若狭上中ICから県道22号を南下、脇袋北交差点で左折、国道27号倉見の標識で右折して進む。10台程度駐車可能。ログハウスのトイレがある。能登野登山口へは舞鶴若狭自動車道三方五湖S-ICから国道27号へ向かい、右折して南下、十村駅前信号機で左折し、能登野集落を突っきってそのまま能登野林道へ。駐車は路肩となる。

■登山適期
4〜11月。積雪期でも登れるが、春の新緑や秋の紅葉の時期がよい。ただし、風の強いときは吹き飛ばされ

見通しは悪い。

下山は山頂から北に向かって広葉樹林の尾根を、3、4のピークを越えながら快適に進む。695メートルの標高点ピークを下ると**能登越**の峠に着く。右に高島町への道を分けて、もうひとつ上へ登り、標識にしたがって左へ下る。広葉樹の気持ちのよい尾根に沿って、しっかりした古道があり、作業道を横切り、ジグザグに下る。

一部崩壊したり分岐したりしているが、尾根をはずさないように最後まで下れば谷になり、徒渉すれば**能登野林道終点登山口**へ出る。林道を下り、害獣柵を出たところが**能登野林道入口**だ。

（田路繁男）

CHECK POINT

1 登山口には多くの標識が立っている

2 風神の滝を巻いて登る

3 仮設橋がかかる最後の水場

4 風神の石碑は強風に難儀した旅人の祈念碑だ

5 3等三角点のある三十三間山山頂。展望はない

6 鯖街道の重要な交易路だった能登越

ないように注意。

■**アドバイス**

▽夫婦松は地元の人が新しい松を植えているが、大きくならないようだ。

▽山頂に向かう尾根は「風神」の名の通り風の通り道で、樹木がほとんどなく、ササと芝の草原となっていてくつろげる。

▽能登越は風が強いのか、大きな木はない。以前はカヤの原だったが、温暖化の影響か、シカの食害か、土が露出していて、展望がよく、西に三方町方面、東側には大御影山や三重嶽（さんじょうだけ）の展望が広がる。

芝生広場は展望がよく、芝生の上でくつろいだり、ボール遊びもできる

▽近くに三方五湖、若狭三方縄文博物館、年縞博物館などがある

■**問合せ先**

若狭町三方庁舎☎0770・45・1111

■**2万5000分ノ1地形図**

三方・熊川

若狭町上中からの千石山

47 「瓜割の水」のみなもとの山 千石山

せんごくやま
682m

日帰り

歩行時間＝5時間20分
歩行距離＝8・4㎞

技術度

体力度

コース定数＝20

標高差＝616m

累積標高差 769m 769m

　千石山は若狭《わかさ》町のJR小浜《おばま》線上《かみ》中《なか》駅の南側に位置している。国道27号から見ると、きれいな三角形の山だ。登山口は瓜割《うりわり》の水で有名な天徳寺《てんとくじ》コースと、よもんだいらまで登る林道を使う井《い》ノ口《くち》コースがある。ここでは天徳寺から登り井ノ口へ下るコースを紹介しよう。

　天徳寺から瓜割の滝方向に進み、清らかな滝の水に触れると、夏には「瓜割」の名の通り、冷たい。滝の石の赤い藻は絶滅危惧種の紅藻、ベニマダラだ。

　滝の右側の林道を登るとイノシシ防止柵がある。しばらくして林道は右へ曲がる。そのまま林道を進んでもよいし、沢沿いの作業道を進んでもよい。両道は上部で合流する。

　林道を左へ進み、大きく右へ曲がる地点で、左の斜面から**尾根に取り付く**。標識がないので、地図や少し登った地点の赤布やテープを確認すること。しばらくは急傾斜だが、植林は小さく、やぶは薄いので、比較的楽に登れる。

　尾根筋に出ると踏跡も出てきて、広葉樹林の急坂が続くが歩きやすい。右側が植林、左側が自然林から、全体に広葉樹林となる。しばらくすると**分岐**に出合い、井ノ口集落からの道が合流する。広い尾根筋を進むと**千石山**山頂だ。樹木が大きく展望はなく、南に駒《こま》ヶ岳《たけ》への長い尾根がのびている。

　下山は、井ノ口・熊野《くまの》神社コースへ周回しよう。**分岐**まで戻って右に折れ、急坂を下る。約30分で稜線に出ると赤布やテープがついている。さらに急坂をジグザグに右方向の尾根へ下る。

　植林の中の道を下ると左側に滝が見え、左に入ると滝の展望台、そのまま下ると滝登り口の標識が

■鉄道・バス
往路＝JR小浜線上中駅下車、駅前の国道27号線を右折、小浜左側に瓜割の滝・天徳寺の標識にしたがって左折、天徳寺へ。
復路＝熊野神社から井ノ口集落を通り、国道27号を渡って上中駅へ。

■マイカー
舞鶴若狭自動車道上中ICから国道27号を小浜方向に走り、左側の瓜割の滝の標識で天徳寺駐車場へ。井ノ口集落へは上中駅前で左折し熊野神社を目指す。

■登山適期
4〜11月。積雪期以外は春の芽吹き、秋の紅葉まで楽しめる。

■アドバイス
▽登山口の天徳寺・瓜割の滝は清らかな水で、行楽シーズンには多くの観光客が訪れる。
▽瓜割の水は環境庁の「名水百選」、国土交通省の「水の郷百選」に認定されている。ぜひとも飲んでみたい。

■問合せ先
若狭町上中庁舎☎0770・62・1111

■2万5000分ノ1地形図
熊川

あり、林道終点に着く。**よもんだいら**の展望所、駐車場、仮設トイレがある。ここから約2キロほど林道を下り、イノシシ侵入防止柵を通ると、**熊野神社**のりっぱな鳥居に着く。あとは国道27号を越えて、JR上中駅へ向かうか、出発点の**天徳寺**へ戻る。

（田路繁男）

よもんだいら展望台から上中方向を見る

環境省の「名水百選」にも選ばれている人気の瓜割の滝

CHECK POINT

天徳寺駐車場登山口

林道の右カーブ正面を登る

展望がない千石山頂上

駒ヶ岳へ続く尾根

よもんだいらには仮設トイレあり

熊野神社横が林道起点登山口

48

近江・木地山の木地師が活躍した山

駒ヶ岳

こまがたけ
780m

日帰り

歩行時間＝3時間50分
歩行距離＝5・2km

技術度

体力度

コース定数＝19

標高差＝572m

累積標高差 ↗972m ↘972m

福井県若狭《わかさ》町河内《こうち》、小浜《おばま》市池河《いけのこ》内《うち》と滋賀県高島《たかしま》市朽木《くつき》の境にある若狭駒ヶ岳は、山麓に寺屋敷があったことから「寺山」として親しまれている。かつて朽木木地山《きじやま》の木地師たちがこの山で木材をとって、近江側へ運んでいたという。

現在休園中の森林公園河内の森が登山口となる。ここへいたるには河内ダムの左岸を行く本谷《ほんだに》林道経由と、明神谷《みょうじんだに》の旧河内集落付近から登る明神谷登山道がある。前者の本谷林道はかなり荒れていて一般車の進入は困難なため、ここでは本来の登山ルートである明神谷登山口から森林公園を経て登るコースを紹介しよう。

熊川宿《くまかわしゅく》から県道130号をほぼ完成した河内ダム・河内集落へ向かう。集落をすぎてダム湖を渡り、県道から左に向かう湖岸周回道路へ進み、明神谷へ回りこむ。谷の左岸を行くと、明神谷を渡る橋の手前に新しくできた駐車場がある。駐車場から少し手前、右手の小さな沢の横が新しい**登山口**だ。

擬木の階段がある杉林の斜面を登り、尾根に出る。右側が雑木林になり、左に植林が続く。ところどころで擬木の階段も出てくる急坂をジグザグに登る。急だが道はしっかりしている。

尾根筋の小ピークを2、3越えると**森林公園**に着く。今は使われていない公園の施設が寂しげに残っている。標識にしたがって管理棟横から管理道路や尾根筋の登山道を進む。カラマツ林や桜並木を経て、左手のカエデ林に入る。公園内の道路が複雑に入り組んでい

春はミツマタが美しい

森林公園の桜並木

■鉄道・バス
往路・復路＝JR小浜線上中駅下車。登山口までは約30㌔あるので、タクシー利用となる。

■マイカー
舞鶴若狭自動車道若狭上中ICから、県道22号、303号を経て、熊川宿を目指す。熊川宿のはずれで西へ右折し、新しい県道130号を河内ダムへ向かう。ダム、続いて河内集落をすぎて、県道終点付近から標識にしたがって左折し、明神谷へ入る。なお休園中の森林公園へ直接行く林道は、県道130号を直進し、本谷林道の入口で駐車、約5㌔、徒歩1時間。道路状況は悪いが、車で約15分。積雪期などは崩落箇所が多いので注意。途中から歩く人もいる。

■登山適期
4～11月。積雪期は避け、新緑から紅葉の時期がよい。

■アドバイス
▽河内川ダムは令和元（2019）年6月に完成、ダム周回道路は全舗装、新明神谷駐車場ができている。
▽町並みを保存した熊川宿は、観光地として人気。近くに道の駅もある。

■問合せ先
若狭町上中庁舎☎0770・62・1111、大和交通タクシー☎0770・62・0117

■2万5000分ノ1地形図
遠敷・熊川・古屋・庭野

るが、尾根をはずさないように進むと、「駒ヶ岳まで1時間」の標識があり、すぐ左に**登山口**の標識が立っている。

左に杉林を見ながら登ると、右手に沼地を見る。尾根沿いに広葉樹林を登ると**県境尾根**に出て高島トレイルに合流する。標識にしたがって右折すれば約15分で**駒ヶ岳**頂上だ。3等三角点（点名＝寺山）があり、若狭の山々や河内ダムを見わたすことができる。

下山は往路を下る。（田路繁男）

河内ダム付近から若狭駒ヶ岳を見上げる

CHECK POINT

1 明神谷登山口駐車場

2 明神谷コース登山口

3 森林公園河内の森

4 小さな沼地の脇を行く

5 高島トレイルと合流

6 駒ヶ岳山頂

49 百里ヶ岳

頂上から百里四方が見わたせたという若狭第二の高峰

ひゃくりがたけ
931m

日帰り

歩行時間＝5時間10分
歩行距離＝11・2㎞

技術度

体力度

コース定数	＝24
標高差	＝610m
累積標高差	1054m / 1054m

↑下根来付近から百里け岳を見上げる

←根来坂の広い尾根

百里ヶ岳は福井県小浜《おばま》市と滋賀県高島《たかしま》市の県境に位置している。山名の由来は、「百里四方が見わたせる」ほどに展望がよいことからとか、京の都から中国流に「百里あった」ことからともいわれている。この百里ヶ岳をはさんで、根来坂《ねごりざか》峠（針畑《はりはた》峠）と木地山《きじやま》峠を越える2本の鯖《さば》街道があり、それぞれ滋賀県高島市朽木《くつき》へ通じている。根来坂峠から百里ヶ岳に登り、木地山峠を経て上《かみ》根来へ戻る周回コースを紹介しよう。

鯖街道入口の**根来坂コース登山口**から、はじめは杉林の中の薄暗い道を行く。尾根を右に曲がると、昔の峠道に出る。緩やかで登りやすい道は、京まで荷を運ぶのに無理のな

■鉄道・バス
往路・復路＝JR小浜線東小浜駅下車、タクシーで16㌔、約30分、上根来の畜産団地跡へ。

■マイカー
舞鶴若狭自動車道小浜ICから国道27号を東進、東小浜駅口交差点で右折し、県道35号を上根来集落へ向かう。根来坂登山口の向側路肩に4～5台駐車できる。

■登山適期
4～11月。積雪期以外は登山可能。春の芽吹きのころや、紅葉の秋がよい。

■アドバイス
▽山麓の根来ではこの山を「根来岳」とよんでいたという。
▽一帯はホンシャクナゲの自生地で、頭巾山とともに福井県指定天然記念物になっている。
▽百里ヶ岳から流れる遠敷川の鵜の瀬で、毎年3月2日に「お水送り」の神事が行われる。

下山地点の上根来集落にある蕎麦を食べさせてくれる民家。民芸品も置かれている

い勾配で、急な場所はつづら折りになっている。

ブナ林の中、山野草を観察しながら、自然と歴史のロマンにひたりながらゆっくり登っていこう。やがて**林道**に出て、展望を楽しみながら行くと、「小浜から18・5キロ」の標識に出合う。そのまま林道を登ってもよいが、階段を登って再び**鯖街道**に入る。

約10分で池の地蔵と古井戸のある平地に出る。地蔵の右手の道に入ると、長い年月で深くえぐられた道になり、尾根を水平に巻いていくと県境の**根来坂峠**だ。

右は滋賀県高島市のおにゅう峠への道。

ここは左折して登り下りを繰り返すと大谷出合に着く。最後の急坂を登れば、1等三角点の**百里ヶ岳**（点名＝木地山）頂上だ。樹間から周囲の山並みが見えるが、山名由来の「百里四方」は無理だろう。

下山は広いブナ林を下り、杉の植林帯を進む。下り着いた**木地山峠**からは左の尾根に入る。小さなピークをアップダウンしながら行くと、広葉樹林から杉の植林尾根になる。右の沢に向かってジグザグに下り、沢沿いの道へ。このあたり、草に覆われてわかりにくい。

沢音が聞こえなくなると休耕田横に出る。農道を下ると上根来集落に入り、通りに出たところが**木地山峠コース登山口**だ。あとは1キロほど歩いて畜産団地の**根来坂コース登山口**へ戻る。

（田路繁男）

CHECK POINT

1 鯖街道入口登山口

2 池の地蔵から右手の道へ

3 根来坂は深くえぐれた峠道

4 県境稜線上の根来坂峠

5 展望が開けた百里ヶ岳頂上

6 木地山峠を左に下る

■問合せ先
小浜市役所☎0770・53・1111、三福タクシー☎0770・52・1414
■2万5000分ノ1地形図
古屋

50 役行者が若狭修験の根本道場として、百ヶ日修行した山

多田ヶ岳《ただがたけ》

712m

日帰り

歩行時間＝5時間10分
歩行距離＝11・4km

技術度

体力度

コース定数＝**26**
標高差＝690m
累積標高差 1250m 1250m

野代から見る多田ヶ岳（左のピーク）

小浜《おばま》市の東南、南川《みなみ》を隔てた位置に堂々とそびえるのが多田ヶ岳だ。北山麓にある「多田《ただ》神社」「多《た》田寺《だじ》」が山名の由来といわれ、修験道の祖・役行者が修行した山であるとも伝えられている。キノコが採れる山でもあり、秋のシーズンには「無断入山禁止」の看板が見られる。この時期の入山は地元区長の許可を得る必要がある。多田寺のある多田林道と、妙楽寺《みょうらくじ》のある野代《のだい》に登山口があり、野代コースから登り、多田林道コースを下るコースを歩いてみよう。

多田ヶ岳頂上から小浜市街を俯瞰する

妙楽寺駐車場から桜並木が続くなだらかな林道を行くと、瀬波戸《せばと》の滝という小さな滝前に**登山口**の標識がある。ここから沢沿いの道を登り、上に送電線が見える付近から、急なつづら折りの尾根道に入る。

やがて雑木林となり、標高**48 8メートル地点**に立つと、樹間に円錐形の多田ヶ岳が見える。その先の野代山迂回路にはロープが張られている。安全を確保しながら注意して歩こう。その後、平坦な稜線が続き、多田谷を回りこむようにつけられた道を進むと、多田への登山道の**分岐**に出合う。

急坂を20分ほど登ると**多田ヶ岳**山頂だ。3等三角点（点名＝多田

■**鉄道・バス**
往路＝JR小浜線小浜駅下車。国道27号へ左折、東進して南川の橋を渡り、国道162号へ右折、約1・5キロで左折して妙楽寺を目指す。3・6キロ、45分。タクシーなら8分。
復路＝林道多田線起点から若狭西街道を北に向かい、多田寺をすぎ、舞鶴若狭自動車道の高架をくぐって国道27号を小浜駅へ。約4・5キロ、1時間。タクシーは12分。

■**マイカー**
野代コースへは舞鶴若狭自動車道小浜ICから県道267号を直進し、妙楽寺駐車場を目指す。多田林道コースへは県道267号から国道27号へ左折、すぐ右折して若狭西街道へ出て、遠敷トンネル右手前の多田林道入口へ向かう。

■**登山適期**
4〜11月、積雪期以外は登山可能。春の芽吹きや紅葉のころがよい。

■**アドバイス**
▽地元では別名「長尾山」ともよんでいる。
▽妙楽寺は北陸観音霊場第3番札所、若狭観音霊場第19番札所として、多田寺は「多田のお薬師さん」として、ともに多くの参拝客が訪れる人気の古刹。
▽近くの福井県立若狭歴史博物館☎0770・56・0525は若狭の仏像など国宝や重文多数を展示。

村）があり、大岩の上に立てば、若狭湾や小浜市街、若狭《わかさ》の山、県境の峰々が一望できる。少し下ったところには行者石像がある。

下山は**分岐**まで戻り、右へ山腹を横切って尾根に出る。標識やロープがあり、左へ下る。二股になっていて、炭焼き窯跡がある。谷の右岸や左岸を渡りながら下っていくと布ヶ滝が見える。

急坂をジグザグに下り、杉林の急坂を抜けると**林道終点の登山口**に下り立つ。**多田林道起点**までは約4キロ、妙楽寺へ戻るには県道若狭西街道を4キロ、右手に多田寺集落を見ながら、多田トンネルを抜けて、**妙楽寺駐車場**に戻る。（田路繁男）

■問合せ先
小浜市役所☎0770・53・1111、三福タクシー☎0770・52・1414

■2万5000分ノ1地形図
遠敷

妙楽寺山門

CHECK POINT

野代の妙楽寺横の登山口

新緑の尾根道を行く

多田林道分岐から山頂に直上する

多田ヶ岳山頂。大岩から展望よし

多田林道終点登山口に下り立つ

多田林道起点。防獣柵がある

51

日本海の海運を担った北前船の目印になった山

飯盛山

いいもりやま
584m

日帰り

Ⓐ法海コース　歩行時間＝3時間　歩行距離＝5・0㎞　技術度 ●○○○○　体力度 ●○○○○

Ⓑ見谷コース　歩行時間＝3時間25分　歩行距離＝5・2㎞　技術度 ●○○○○　体力度 ●○○○○

コース定数＝Ⓐ14Ⓑ15

標高差＝Ⓐ454mⒷ502m

累積標高差　Ⓐ ↗633m ↘633m　Ⓑ ↗662m ↘662m

北山麓の法海から飯盛山を見上げる

飯盛山は小浜《おばま》市の南西に位置し、青葉山《あおばやま》、多田《ただ》ヶ岳《たけ》とともに「若《わか》狭《さ》三名山」とよばれている。標高は低いが独立峰だ。江戸時代から明治時代、北前船の沿岸航海が盛んだったころには、三山を結んで船の位置を確認し、小浜湾に入ったと伝えられている。山頂からは樹間からリアス式海岸の小浜湾や多田ヶ岳などが見える。法海《のりかい》、上加《かみか》斗《と》、見谷《みたに》の3コースがあり、ここでは法海（飯盛寺《はんじょうじ》）と見谷コースを紹介しよう。

飯盛山山頂から若狭湾を展望する

Ⓐ法海コース

飯盛寺登山口を出発、行場となっている滝の左側を進み、上部で徒渉して右岸へ渡り、竹林の中の道を登る。杉林に入り、ナメ滝の上に出る。やがて沢から離れると雑木林の急斜面の道になる。

支尾根の357㍍付近に出て、尾根の急坂を登るとブナやシデの疎林となる。**尾根の分岐**で南からの尾根を越せば、わずかの登りで、2等三角点（点名＝飯盛山）のある**飯盛山**山頂だ。落葉樹林が視野をさえぎるが、西に青葉山、その左に八ヶ峰《はちみね》、東に多田ヶ岳、遠くに百里《ひゃくり》ヶ岳《たけ》が望まれる。

Ⓑ見谷コース

■鉄道・バス

ⒶJR小浜線加斗駅下車、徒歩3・7㌔、50分で飯盛寺。小浜駅からタクシーは15分。

ⒷJR小浜線小浜駅下車、タクシー利用する。21分、約15㌔で見谷集落。

■マイカー

Ⓐ舞鶴若狭自動車道小浜西ICを降りて、国道27号へ出る前に右折し、飯盛寺へ。飯盛寺駐車場で志納金を納めて駐車する。

Ⓑ舞鶴若狭自動車道小浜ICから国道27号を経て国道162号を南下、中名田庄で右折、県道223号を見谷集落で右折し林道別所谷線の終点まで行く。2、3台駐車可。

■登山適期

4～11月。積雪期でもカンジキやスノーシューをつければ登れる。

■アドバイス

▽見谷コースの2つの尾根を越える付近ではエビネの群生に出会える。

5月ごろに花期を迎えるエビネ

▽飯盛寺は真言宗の古刹で、本堂は国指定の文化財。小浜にはほかにも多くの神社や仏閣がある

■問合せ先

CHECK POINT — Ⓐ法海コース

国指定重要文化財の飯盛寺本堂

登山口の右奥にある飯盛寺不動の滝

飯盛山頂上からは小浜湾が見える

CHECK POINT — Ⓑ見谷コース

林道終点の見谷コース登山口

コースが閉鎖されている上加斗分岐

登山口の**見谷集落**からすぐ右側の林道別所谷《べっしょだに》線へ入る。約1キロ進むと幅の狭い橋を渡る。すぐ道路脇に2、3台駐車できるスペースがあり、50メートルほど先が**林道登山口**で、標識がある。

　左手の道に入ると沢筋となるが、増水で荒れているので慎重に進もう。2回ほど徒渉して急な道をいくと、朽ちかけた造林小屋に出合う。右手の尾根に取り付き、高度を上げる。植林帯もあるが、雑木林の気持ちのよい尾根だ。

　しばらく行くと、右へ山腹を横切るようになり、沢の源頭を越えて、ひとつ右の尾根に取り付く。急な登りだが、道はしっかりしている。やがて植林帯をすぎると空が明るくなり、雑木林を通過すると**稜線の標識**がある支尾根の上に出る。

　この先、尾根筋を左へ回りこむように進み、2つ目の尾根に出たところで左へ上加斗林道への標識が設置されている。ここを右へ向かい、急登を約10分で**飯盛山**山頂に着く。

（田路繁男）

小浜市役所☎0770・53・1111、三福タクシー☎0770・52・1414

■2万5000分ノ1地形図

小浜

52 八ヶ峰

周辺八箇国を見わたすことができるとされた山

はちがみね
800m

日帰り

歩行時間=3時間35分
歩行距離=10・3km

技術度
体力度

コース定数=19
標高差=550m
累積標高差 875m 875m

↑堂本付近から八ヶ峰を見る

←八ヶ峰頂上から若狭の山

八ヶ峰は京都と福井の県境にあり、西には京の都と若狭《わかさ》を往来する生活道のひとつだった知井坂《ちいざか》がある。山頂から山城《やましろ》、河内《かわち》、摂津《せっつ》、近江《おうみ》、越前《えちぜん》、丹波《たんば》、丹後《たんご》、若狭の八ヶ国が望めることが山名の由来とされている。おおい町名田庄《なたしょう》染《そめ》ヶ谷《たに》の八ヶ峰家族旅行村を起点に、染ヶ谷コースを登り、五波《ごなみ》峠へ下るルートを紹介しよう。

八ヶ峰家族旅行村を出発、最初の右側建物で展示実習館の左側林道を100メートルほど登った駐車場が**染ヶ谷コース登山口**だ。林道を約400メートル進むと、左に以前使っていた登山口がある。このあたりから林道の間をショートカット気味に登山道がはじまる。

五波峠へのびている林道に出合ったところが**小松谷《こまつだに》林道出合登山口**で、林道法面に登山道が続いている。やがてアカマツが点在する広葉樹林帯となり、気持ちのよい尾根道が続く。

木々の間から五波峠が望めるようになると、ブナなどの広葉樹林帯のなだらかな広い尾根に変わる。道が尾根の左側に回りこむとクマザサが現れる。わずかに急登して尾根の右側を回りこむように進むと稜線の**分岐**だ。左は五波峠へ、八ヶ峰へは右に行く。

広い尾根筋で、春先には道がわかりにくいかもしれないが、中ほどを進めば、すぐに直線の急登となり、5回ほど小ピーク越えると**八ヶ峰**頂上だ。2等三角点（点名=八ヶ峰）があり、成長した樹木で視界がさえぎられているが、「八ヶ国が見える」という山並みが見わたせる。

■**鉄道・バス**
往路・復路=JR小浜線小浜駅下車、大和交通バスの流星号で名田庄総合事務所下車、ここから八ヶ峰家族旅行村まで6キロ、徒歩1時間15分、タクシーも利用できる。
■**マイカー**

下山は**分岐**まで戻り、直進。ブナやミズナラの自然林の稜線道を楽しみ、いくつかのピークを越える。杉の植林帯となると、ほどなく大きな石碑が立つ**五波峠**に着く。峠の西側は京都府南丹《なんたん》市方面で、東は染ヶ谷へ続いている。その車道を下ってもよいが、北側の小松谷林道を下り、**染ヶ谷コース登山口**へ戻る。途中、林道の崩壊箇所があるので、注意して下っていこう。

（田路繁男）

CHECK POINT

染ヶ谷登山口駐車場

小松谷林道出合から登山道へ

五波峠からの道の合流

2等三角点の八ヶ峰頂上

五波峠に立つ大きな石碑

小松谷林道の崩壊箇所

舞鶴若狭自動車道小浜ICから国道27号、162号を経て名田庄に向かい、名田庄郵便局をすぎてトンネル手前で左折、県道224号を染ヶ谷の八ヶ峰家族旅行村へ。展示実習館の左側にある林道を100㍍ほど進むと、登山者駐車場があり、5台ほど停められる。

■**登山適期**

4～11月。積雪期を避けて、ブナの芽吹きのころや紅葉のころがよい。夏はキャンプが楽しめる。

■**アドバイス**

▽石碑コースからも登れる。登山道や送電線巡視路・林道を登り、知井坂を通り、八ヶ峰頂上へ。

石碑コース登山口

▽八ヶ峰家族旅行村☎0770・67・2844にはバンガローやキャンプ場があり、川で釣りが楽しめる。

■**問合せ先**

おおい町名田庄総合事務所☎0770・67・2222（乗合バス流星号も）、三福タクシー☎0770・52・1414

■**2万5000分ノ1地形図**

久坂

53

ホンシャクナゲが自生する山

頭巾山

とうきんざん
871m

日帰り

歩行時間＝2時間35分
歩行距離＝6・0km

技術度
体力度

コース定数＝12
標高差＝514m
累積標高差 570m 570m

頭巾山は若狭《わかさ》の海岸から直線距離で約13キロと近接しているが、一

頭巾山青少年旅行村付近から頭巾山を見る

帯は小浜《おばま》湾に注ぐ南《みなみ》川の源流地域で、京都府との県境であるため、山深い感じがする。山名の由来は、山容が山伏や修験者たちの布製の被り物「ときん」（兜巾とも書く）に似ているからだという。

おおい町名田庄《なたしょう》の納田終《のたおい》に頭巾山青少年旅行村がある。ここで南川沿いの県道771号に入り、老《おい》左近《さこ》の集落をすぎて、堰堤を右手に見ながら進むと、野鹿谷《のかだに》にかかる橋の手前に頭巾山登山案内の標識があり、左の林道に入る。約2・5キロで野鹿ノ滝に着く。駐車場があり、車はここに停めることになる。滝までは遊歩道が整備されているので、帰りに見物していくとよい。

嶺南地方最大の落差30メートルを誇る野鹿ノ滝

野鹿ノ滝から林道を30分ほど行くと、ホンシャクナゲ自生地標識と、すぐ近くに**登山口**の標識が立っている。沢を渡って山道に入る。杉林の中をジグザグに

■鉄道・バス
往路・復路＝JR小浜線小浜駅下車、あいあいバス名田庄線で約40分、終点の流星館（道の駅「名田庄」）バス停で下車。野鹿の滝の駐車場（登山口）まで6・6キロを歩く。

■マイカー
舞鶴若狭自動車道小浜ICから国道162号を南へ約25キロ、または舞鶴若狭自動車道大飯高浜ICから県道16号を右折し、名田庄方面へ。国道162号で右折して南へ約2・5キロ。納田終の道の駅「名田庄」へ。ここから県道771号へ右折し、橋の手前で左折、林道を野鹿の滝駐車場へ。

■登山適期
4～11月。雪深い府県境にあるので、積雪期は避け、新緑から紅葉の時期がよい。

■アドバイス
▽野鹿ノ滝は安倍氏と薬師如来にまつわる伝説がある。
▽頭巾山青少年旅行村には天文学の祖、安倍晴明の子孫が天文道場を開いたことにちなんだ暦会館がある。宿泊施設流星館☎0770・67・3000やバンガローが利用できる。

■問合せ先
おおい町役場名田庄総合事務所☎0770・67・2222、三福タクシー☎0770・52・1414

■2万5000分ノ1地形図
口坂本

登るが、傾斜が緩いので気分よく歩ける。

　尾根近くになるとホンシャクナゲが現れる。大きな岩がある付近に群生し、イワウチワなどの花も見ることができる。この大岩の下を巻いて急な斜面を登ると、左前方に山頂の社が見えてくる。

　尾根の急坂を登ると稜線の道に出る。京都府の古和木《こわき》集落から登ってくる参拝道だ。周辺では季節にはイワカガミが咲いている。

　左へ緩やかな道を歩くと、わずかの距離で**頭巾山**山頂に着く。古和木権現が祀られていて、かつては「おこもり堂」とよばれる小屋があったが、台風の被害に遭い今はない。北に若狭湾が広がり、北西に青葉山《あおばやま》、西に弥仙山《みせんやま》、東に堀《ほり》越《こし》峠、八《はち》ヶ峰《みね》、北東に飯盛山《いいもりやま》、久《く》須夜《すよ》ヶ岳《だけ》、南に丹波《たんば》高原の山並みが見える。

　下山は往路をたどる。

（田路繁男）

稜線の道脇に咲くイワカガミ

岩尾根に自生するシャクナゲ

CHECK POINT

登山口から沢を渡って山道に取り付く

大岩の下を巻いて登る

頂上の水の神、強木（こわき）権現

54

若狭・丹後・丹波の三国境の山

三国岳

みくにだけ
616m

日帰り

歩行時間＝4時間35分
歩行距離＝13.3km

技術度

体力度

コース定数＝**22**

標高差＝584m

累積標高差 885m 885m

三国岳は若狭《わかさ》（高浜《たかはま》町）、丹波《たんば》（綾部《あやべ》市）、丹後《たんご》（舞鶴《まいづる》市）の三国の境に位置している。文字通りの国境で、周辺には多くの峠がある。いずれも若狭と丹波・丹後を往来する峠道が通っていたが、現代は送電線が山を越え、若狭の原子力発電を関西地方へ送っている。また近年には舞鶴若狭自動車道が開通し、この山の下をトンネルが通過している。**青郷《あおのごう》駅**を起点に、三国岳をはさむ2本の送電線の巡視路を利用した周回登山路を紹介しよう。

高浜町緑ヶ丘から見る三国岳

巡視路からはすぐ近くに青葉山が見える

　高速工事用道路横の**関屋《せきや》登山口**から左へ進み、急な長い階段が終わると雑木林の中の急な登りが続く。途中のナンバー22鉄塔への巡視路を左に分け、そのまま行くと、海を背後に青葉山《あおばやま》が見える送電線の真下を通過する。

　やがて急登が終わり、**ナンバー23の鉄塔**をくぐる。送電線は尾根から右へ離れていくが、尾根沿いの道をしばらく登ると陸軍省の石柱に出合う。

　ナンバー24鉄塔をすぎ、しばらくすると小ピークの**分岐点**で、右

■鉄道・バス
往路・復路＝JR小浜線青郷駅で下車、国道27号を西に向かい、すぐ左折して関屋集落を通り、川が二股に分かれるところで右側の黒部谷へ入る。そのまま川の左岸を進めば道路が突き当たるところが黒部谷コース登山口。4㌔、50分。関屋登山口は700㍍手前左の橋を渡って500㍍、青郷駅から3・8㌔、50分。

■マイカー
舞鶴若狭自動車道大飯高浜ICから国道27号を舞鶴方向へ進み、JR青郷駅の次の信号機を左折、黒部谷林道へ。各登山口の駐車スペースは路肩に数台程度。

■登山適期
4～11月。3月までは降雪があり、カンジキやスノーシューで登れる。

■アドバイス
▽下山後は高浜駅近くの城山公園を散策しよう。公園内に「八穴の奇勝」がある。明鏡洞は穴を通して水平線がよく見え、鏡のようだというのが名称の由来。
▽道の駅「シーサイド高浜」では温浴施設湯っぷる☎0770・72・6666で入浴できる。

■問合せ先
高浜町役場☎0770・72・1111

■2万5000分ノ1地形図
東舞鶴

手から黒部谷《くろべたに》コースの道が出合う。この分岐を左へ進む。いったん少し下がり、階段をわずかに登ると3等三角点（点名＝三国山）のある**三国岳**に着く。周辺は伐採され、禿山になって眺めはよくなった。南側の胡麻峠方面に100㍍ほど行くと若狭、滋賀、京都方面の山並みが見わたせる。一方、東側に下ったところからは、高浜町から若狭湾が広がり、青葉山、小浜方面が見える。

　下山は、関屋コースの**分岐**から左の斜面を横切るように進んで県境尾根を下る。緩やかな尾根筋になり、続いて樹脂製の階段がある急坂を下る。急坂の下で**ナンバー19送電鉄塔**に出合う。

　さらに少し下り、県境尾根を離れて右側のなだらかな尾根を下る。高速道路の三国岳トンネル入口近くの**ナンバー18鉄塔**から北側の黒部谷方向へ急坂をジグザグに下ると沢に着く。徒渉すれば**黒部谷林道登山口**だ。あとは林道を行き、関屋集落を経て**青郷駅**へ。

（田路繁男）

CHECK POINT

関谷コース登山口の階段

明治32年の記載がある陸軍省の石柱

三国岳頂上は伐採され若狭湾がよく見える

黒部谷林道登山口で黒部谷を徒渉する

55

青葉山

若狭の海の展望が美しい若狭富士

日帰り

あおばやま（あおばさん）
693m（東峰）

歩行時間＝6時間
歩行距離＝13・0km

技術度
体力度

↑展望台から、海水浴で人気の高浜海岸を俯瞰する
←西峰から見下ろす内浦湾

コース定数	＝26
標高差	＝661m
累積標高差	↗1024m ↘1024m

　青葉山は高浜《たかはま》海岸から見ると富士山のような形をしていることから、俗に「若狭《わかさ》富士」ともよばれている。ほかに「弥山《みせん》」「以弥山《いみせん》」「御浅嶽《みせんだけ》」「双子山《ふたごやま》」「青羽山」など多くの呼称があり、人目を惹くことから、都人によって多くの唄が残されている。今から400万年ほど前の火山活動によりできた山で、安山岩からなるコニーデ型の美しい山容である。山頂は東峰と西峰の双耳峰で、険しい岩稜があり、越の大哲・泰澄大師が修業した場とされている。ここでは泰澄大師が養老元（717）年に創建したと伝わる中山寺《なかやまでら》から登り、今《いま》寺《でら》へ下るコースを歩いてみよう。併せて西国八十八ヶ所二十九番目の札所である松尾寺《まつのおじ》からのコースをサブコースとして紹介する。

■鉄道・バス
往路・復路＝JR小浜線青郷駅が最寄り駅。松尾寺コース登山口の松尾寺へは松尾寺駅が最寄りで、3・5《キロ》、徒歩50分。

■マイカー
中山寺登山口へは、舞鶴若狭自動車道大飯高浜ICまたは舞鶴東ICから国道27号を西進し、日置交差点を右折して向かう。松尾寺へは京都府へ入り、府道564号方面へ右折する。

■登山適期
4～11月。積雪時はカンジキやスノーシューで登れるが、岩場に注意。

■アドバイス
▽植物は固有種のオオキンレイカのほか、ヒモカズラ、アオベンケイソウなどが見られる。標高450《メートル》あたりからはブナがある。

オミナエシ科の多年草で、福井県の固有種、オオキンレイカ

▽松尾寺に参拝する場合は、西峰から約50分で下ることができる。

高浜海岸から見る青葉山は、双耳峰が重なってきれいなコニーデ型の山容を見せる

ＪＲ小浜《おばま》線 青 郷駅《あおのごう》で下車、中山寺に参拝、青葉山青少年旅行村を経由して、**中山寺コース登山口**に着く。近畿自然歩道として整備された道で、竹やぶから杉林の中を進むと、左から高野《たかの》コースが合流する。

周囲が落葉樹林に変わるころ、テレビ中継所を経て、木造の**展望台**に着く。海水浴シーズンにはにぎわう高浜海岸が美しく光っている。尾根道を登って金毘羅大権現の広場に出る。さらに進むと馬の背のような大岩があり、南側が断崖で眼下に高野の集落が見える。

急坂を登ると平地になり、さらに階段を登ると**青葉山東峰**だ。青葉神社が建ち、木々の間から能登《のと》半島や越前《えちぜん》海岸などの展望が楽しめる。

神社の横から西峰に向かう。岩混じりの吊尾根でスリルがあるが、危険箇所にはハシゴやロープがつけられている。泰澄大師が修業した大師洞をすぎ、下りきったところからジグザグの急坂を登ると**青葉山西峰**に登り着く。松尾寺奥の院と休憩小屋があり、社の背後の大岩に登ると若狭《わかさ》湾国定公園の景観がすばらしい。

下山は、はじめは松尾寺コース

▽青葉山山頂は集塊岩が露出し、風化による奇岩・怪石が多い。

泰澄大師が修行したという吊尾根の大師洞

▽国道27号を小浜方面へ行くと道の駅「シーサイド高浜」があり、温浴施設湯っぷる☎0770・72・6666で汗を流せる。

■問合せ先
高浜町役場☎0770・72・1111

■2万5000分ノ1地形図
青葉山・東舞鶴

を下り、左に今寺コースへの標識を見たら、左に曲がって急坂を下る。春先には雪割草（ミスミソウ）に会えるかもしれない。杉林の中をジグザグに下ると**林道**に出る。旧道の標識があるが、荒廃しているので入らない方がよい。林道を下り、**今寺地区生活改善センター**横に着く。マイカー2台の場合は、1台をこちらにまわしておくとよい。そうでない場合は、**高野集落**を経由して**青郷駅**まで歩くか、マイカーの場合は中山寺コースの登山口駐車場へ戻る。

（田路繁男）

サブコース

松尾寺コース

舞鶴市の松尾寺は西国三十三ヶ所霊場の二十九番札所。本堂右手の渡り廊下をくぐり、「京都の自然200選」の石柱が立つ地点が**登山口**だ。墓地を左手に竹やぶの中を進み、左に少し歩いて舗装道路を横断すると、青葉登山道と書かれた道標に出合う。壊れた**石鳥居**を通過すると、杉の植林帯にさしかかる。ここからが本格的な登り道のスタートとなる。雑木林の中のジグザグ道を、体力に合わせたペース配分で登っていこう。木の根などでスリップしないように要注意。やがて**ハシゴ**が設置された大石に出会い、第2、第3のハシゴを経て進むと、右手から今寺コースに合流する。少し登れば**西峰**に登り着く。

CHECK POINT

1 中山寺コース登山口

2 急坂を登りつめて展望台へ

3 尾根の両側が切れ落ちた馬の背

4 東峰に建つ青葉神社

5 吊尾根のハシゴ場。足もと注意

6 吊尾根のトラバース地点を行く

7 西峰山頂にある松尾寺奥の院

8 今寺地区の熊野神社に下山する

中山寺コース登山口の中山寺

京都府側からの登山口になる松尾寺

日本山岳会福井支部の公益事業のひとつ、「泰澄際」の出発風景

上:「みんなの里山」での著者近影。左から亀田友紀、小寺敏夫、山田哲雄、森田信人
左：田路繁男

●著者紹介

日本山岳会福井支部（にほんさんがくかいふくいしぶ）

1991年に日本山岳会22番目の支部として設立。会員数は58名で、福井県山岳連盟、日本山岳・スポーツクライミング協会にも所属している。主な活動は支部山行として県内の山を月2~3回、夏季には日本アルプス、北海道や東北の山への遠征も行っている。日本山岳会の公益事業として、毎年の泰澄祭を実施。5月の最終日曜、一般公募で参加者を募り、泰澄大師の最初の修行の場であった越知山へ登り、山頂下の室堂で神事や泰澄鍋のふるまい、音楽の演奏会などを行い、毎年100名前後の参加者がある。もうひとつの公益事業は「みんなの里山づくり」。福井県越前町糸生の山林を町から借り受けて、伐採や植林、花壇つくり、遊歩道づくりなどを行っている。

本書の執筆者

森田信人・亀田友紀・山田哲雄・小寺敏夫・田路繁男

分県登山ガイド19

福井県の山

2019年 4 月10日 初版第1刷発行
2023年 2 月20日 初版第2刷発行

著　者 —— 日本山岳会福井支部
発行人 —— 川崎深雪
発行所 —— 株式会社 山と溪谷社
〒101-0051
東京都千代田区神田神保町１丁目105番地
https://www.yamakei.co.jp/

■乱丁・落丁、及び内容に関するお問合せ先
山と溪谷社自動応答サービス　TEL03-6744-1900
受付時間／ 11:00 ~ 16:00（土日、祝日を除く）
メールもご利用ください。
【乱丁・落丁】service@yamakei.co.jp
【内容】info@yamakei.co.jp

■書店・取次様からのご注文先
山と溪谷社受注センター
TEL048-458-3455　FAX048-421-0513
■書店・取次様からのご注文以外のお問合せ先
eigyo@yamakei.co.jp

印刷所 —— 大日本印刷株式会社
製本所 —— 株式会社明光社

ISBN978-4-635-02049-7

●編集
WALK CORPORATION
皆方久美子
●ブック・カバーデザイン
I.D.G.
● DTP
WALK DTP Systems
水谷イタル　三好啓子
● MAP
株式会社 千秋社

●乱丁・落丁などの不良品は送料小社負担でお取り替えいたします。
●定価はカバーに表示してあります。

■本書に掲載した地図は、国土地理院長の承認を得て、同院発行の数値地図(国土基本情報)電子国土基本図(地図情報)、数値地図(国土基本情報)電子国土基本図(地名情報)、数値地図(国土基本情報)基盤地図情報(数値標高モデル)及び数値地図(国土基本情報20万)を使用したものです。(承認番号　平30情使、第1243号)
■各紹介コースの「コース定数」および「体力度のランク」については、鹿屋体育大学教授・山本正嘉さんの指導とアドバイスに基づいて算出したものです。
■本書に掲載した歩行距離、累積標高差の計算には、DAN 杉本さん作製の「カシミール3D」を利用させていただきました。